AF493511

LE NOMBRE
ET
L'OPINION PUBLIQUE

DU MÊME AUTEUR

L'Afrique occidentale française, ouvrage couronné par l'Académie française et la Société antiesclavagiste de France (Bloud, éd.) . . . 6 fr. »

La Démocratie vivante, un vol. in-8 (Bernard Grasset, éditeur) . . . . *épuisé*

Auguste Comte et son œuvre : Le Positivisme. (Publications du groupe Auguste Comte, 6, Boulevard de la Madeleine.) . . . . 2 fr. 50

Croître ou disparaître. (Perrin, éd.) . . . . 3 fr. 50

La Crise sociale, 3e édition. (Bloud, éd.) . 3 fr. 50

Les Classes moyennes. (Perrin, éd.) . . . 3 fr. 50

Le Pouvoir social des femmes. (Perrin, éd.) 3 fr. 50

Penser pour agir. (Bernard Grasset, éd.). . 4 fr. 55

L'Argent et la Richesse. (Bernard Grasset éd.) . . . . 4 fr. 55

GEORGES DEHERME

LES FORCES A RÉGLER

LE NOMBRE ET L'OPINION PUBLIQUE

PARIS
BERNARD GRASSET, ÉDITEUR
61, RUE DES SAINTS-PÈRES, 61

MCMXIX

AVANT-PROPOS

Il ne semble point que la victoire doive libérer les Français de leurs superstitions et de leurs erreurs.

La paix sépare et rend hostile ce que la guerre avait uni et pacifié. Si le travail fécond est négligé, tout est à la politiquerie stérile, aux élections.

Déjà, les intérêts, les ambitions, les passions ont constitué des partis, c'est-à-dire divisé le sentiment national, effrité la conscience morale.

Par tous les moyens — et les pires — on va en appeler au nombre pour une fonction qui n'est pas la sienne.

Sélection du bagout, de l'incapacité, du mensonge, de la corruption et du cynisme, ces « élus » s'assembleront. Ils feront et déferont des ministres. Ils élaboreront des lois. Ils quémanderont pour leurs mandants. Enfin, ils débattront de ce qui se décide d'en haut et par un, non d'en bas et par tous, de ce qui se fait et ne se parle pas : une administration, un gouvernement.

Et ça recommencera, hélas ! Et les mêmes causes — aggravées — produiront les mêmes résultats — empirés. Le désordre se propagera, avec le paupérisme, la démagogie, la sédition. Nous glisserons de plus en plus vite sur une pente que tant de « réformateurs » s'appliquent à enduire, les uns de la cire socialiste ou de l'huile radicale, les autres du savon conservateur. Tous ces toboggans de l'absurde convergent vers le même abîme de boue et de sang où s'engloutissent les peuples qui ne savent plus se discipliner aux conditions de l'existence sociale.

Sans être suffisante, la première de ces conditions — un gouvernement — est essentielle. Or le moins qu'on puisse dire du suffrage universel et du parlementarisme, c'est qu'ils sont radicalement impropres à former cet organe exécutif de l'intérêt général et même à maintenir ce que la nécessité, malgré tout, spontanément, fait surgir d'autorité.

L'expérience est de tous les temps, de toutes les latitudes et de toutes les races. Elle n'a jamais laissé d'être significative.

En France, après 1870, nous l'avons méconnue. Après le cauchemar de ces cinq années, malgré la sanglante, la cruelle leçon des faits, nous la méconnaissons encore.

C'est un suicide national.

Comme je l'ai annoncé ailleurs, nous entrons — en hallucinés — dans la période du Grand Chaos. Aussi, dans ces derniers ouvrages, ne me suis-je attaché qu'à rappeler les principes fondamentaux de tout ordre social, lesquels sont éternels et universels.

Ne me proposant que de servir, peu soucieux d'effets et d'originalité littéraires, je n'ai donc pas hésité à multiplier les citations quand il m'a paru que tel fait avait été constaté, telle idée avait été formulée aussi clairement par d'autres. La politique positive n'est que le bon sens éprouvé par le temps. Il fallait l'indiquer.

Certes, ces pages n'enrayeront pas la vertigineuse descente. L'encre ne saurait avoir plus de vertu que n'en eut le sang versé, offert, de nos 1.500.000 enfants.

La démence s'avère incurable pour cette génération. Individuellement, chacun conviendra que le parlementarisme est une niaiserie, le suffrage universel une aberration. Mais, collectivement, en fait, on n'agira qu'avec et dans le système. Pis : On le généralisera, on le consolidera.

Nous voyons le Traité de paix qu'ont bâclé

quatre ou cinq politiciens incompétents mais éloquents. S'ils avaient été dix, et même moins éloquents, le résultat eût été plus piteux encore. S'ils avaient été trente, ils n'eussent jamais abouti.

La Société des nations, de plus en plus inconsistante, a pour mission d'assurer la paix. Attendons-nous donc à des conflits incessants, à une guerre permanente qui durera jusqu'à ce que la nature sociale médicatrice ait éliminé les « pacifistes » et jusqu'à ce que le syndicat de la finance internationale qui, sous la firme fallacieuse de « Société des nations », se prépare à mettre le monde en coupe réglée ait fait banqueroute.

C'est encore une des vérités le plus souvent démontrées de la politique positive que la démocratie nominale qu'est nécessairement la prétendue démocratie temporelle devient toujours, en fait, une ploutocratie effective.

Ainsi, de plus en plus, cette anarchie s'étend à l'économique. La C. G. T. institue un parlement économique dont le rôle inconscient, à l'intérieur, sera celui de la Société des nations à l'extérieur. Il fera de notre industrie, de notre travail, de notre négoce ce que la Chambre et le Sénat ont fait de l'État. La production sera de plus en plus paralysée. La disette s'ensuivra.

On s'en prend au bolchevisme. Cet épouvantail à petits bourgeois n'est que le fruit de l'arbre vénéneux que notre sottise a planté et que notre malice cultive.

Une des innombrables ligues — ou soviets — qui aspirent à faire l'union de tous « les bons Français » abjure ses adhérents, avant tout, de défendre contre le bolchevisme, quoi ? — Le suffrage universel. La cause contre l'effet !...

Au vrai, il n'y a qu'une erreur foncière, une folie, un toxique, et qui se retrouvent, à doses plus ou moins massives, dans tous les partis, et d'abord dans le concept même de parti.

La famille, la profession, l'association, la région, l'Église, l'État sont des organes différenciés, mais qui coopèrent à la vie de l'ensemble. Le parti est un ferment de décomposition. Il n'a aucune fonction créatrice ou organisatrice. C'est une excroissance parasitaire, morbide.

La démagogie, qui n'est pas moins pernicieuse chez le conservateur que chez l'émeutier professionnel, est l'aliment vital de tout parti qui sollicite des électeurs comme de tout journal qui recherche des lecteurs.

Le délire accompagne toujours une rétrogra-

dation intellectuelle et morale. Nous assistons à un abrutissement, à un avilissement de l'Humanité.

Ce qui caractérise nos tumultes, ce qui explique leur incohérence, l'imbécillité manifeste de leur inspiration, c'est le dédain absolu des forces spirituelles. Elles sont ignorées. Il n'y a plus que la bestialité qui compte. L'aptitude, qui devrait croître, de l'homme à être persuadé par des raisons, mû par des sentiments sociaux, contenu par une discipline, exalté par un idéal, est laissée en jachère. Aussi se perd-elle. Et il n'y aura bientôt plus que ce qui se chiffre, se touche, contraint, — le présent, l'immédiat, la matière.

Chez l'individu, une telle dégénérescence se nomme proprement l'idiotie.

Notre conscience sociale semble déchoir vers cet état inférieur. Il ne lui reste que des grands mots — dont le plus souvent le sens lui échappe — pour se masquer son indigence intellectuelle, sa dégradation morale.

Comme je l'ai montré pour l'argent, le nombre est une force sociale. Il n'y a à briser aucune force, mais à les régler.

N'étant pas subordonné à l'Humanité, l'argent a corrompu, dissocié ; n'étant pas disci-

pliné dans l'ensemble, le nombre a décérébré, désagrégé les institutions. Et la conséquence en est la mort de la race et l'écroulement de la civilisation.

Les forces matérielles sont brutales et donc antagoniques. Elles ne se peuvent régler que de l'extérieur, par une puissance d'autre nature, c'est-à-dire spirituelle, à la fois motrice, modératrice et régulatrice.

Une doctrine seule la peut constituer. Quelle? Dans le désarroi effarant qu'a provoqué l'interrègne spirituel, il y a encore le catholicisme pour les croyants. Mais il y a aussi, heureusement, pour les âmes dégagées de la théologie, le positivisme.

Hors de là, pas de solution, pas d'action convergente et efficace, pas de salut ; parce que, hors de là, pas de base, pas de méthode, pas de guide, pas de but.

Dans les pages qui suivent, je me suis proposé seulement de déterminer le caractère pernicieux de l'infection mortelle qui délabre la société française et gagne peu à peu toute la civilisation occidentale.

Qu'on ne s'attende pas à trouver quelque incantation constitutionnelle qui transformera la purulence du chancre électif et parlementaire en une source pure de vitalité et de prospérité.

Il faut d'abord guérir.

J'avoue humblement que j'ignore la recette d'une bonne peste et la formule du poison délectable.

Mais, vous autres, gens de ligues, de « bonnes élections », d'ordre par la perturbation, antipoliticiens politiqueurs, candidats honnêtes, partisans d'union nationale, polémistes de la paix sociale, nouveaux démocrates qui ne furent pas inconnus d'Aristophane, — vous êtes des malins, des hommes pratiques, et les théoriciens, avec leur histoire, leurs lois infrangibles, leurs principes éprouvés, leurs généralisations gênantes, surtout avec leur diagnostic désagréable, vous font sourire.

Les moins malins d'entre vous, qui sont aussi les moins ignares et les plus capables de réflexion, conviennent pourtant que le choix des supérieurs par les inférieurs, la législation à outrance, la direction délibérative sont une calamité pour un pays ; mais ils allèguent que le mal est trop ancré pour être guérissable et qu'il faut s'en arranger comme on peut.

Malheureusement, on ne compose pas avec les lois physiques comme avec un parti adverse pour le scrutin de ballottage ou l'établissement d'une liste de candidats panachée.

Laissez donc qu'ici on vous le rappelle sans ménagement: Pour la société française d'abord, pour toute la civilisation occidentale ensuite, **il faut guérir ou périr.**

LE NOMBRE ET L'OPINION PUBLIQUE

I

LE SUFFRAGE UNIVERSEL

I. — Le principe de la guerre civile.

Comme la richesse, le nombre est une force. Mais une force quelconque est un moyen et non un but.

« Radicalement insurgés contre les riches, dit A. Comte, les pauvres veulent, à leur tour, dominer, en devenant, vu leur nombre, non la base, mais le but de l'activité collective. »

S'il n'y avait que le présent et les vivants, l'ordre n'aurait d'autre raison à opposer que le fouet et le canon ; mais il y a le passé et les morts, l'avenir et ceux qui naîtront. On peut entendre que la continuité doit prévaloir sur la solidarité.

« Il est parfaitement faux que les majorités créent le droit national, note judicieusement Paul Bourget, car un peuple n'est pas composé que de vivants, il est composé de ses morts et de ceux qui viendront, en sorte que les vivants ne sont que des usufruitiers dont, par suite, la gérance est limitée. »

La maladie révolutionnaire qui consiste essentiellement dans la rupture de la continuité et de la solidarité, les excès du nombre sont dus surtout à l'inepte matérialisme qui s'est propagé des lettrés et savants à la bourgeoisie, et de celle-ci à la plèbe.

Il n'y a donc plus que la force, et la plus brute.

« Tous voulant aujourd'hui commander, dit encore A. Comte, et pouvant souvent espérer d'y parvenir, chacun n'obéit ordinairement qu'à la force, sans céder presque jamais par raison ou par amour. De là résulte habituellement une affligeante dégradation, chez ceux-là mêmes qui déplorent amèrement la prétendue servilité de leurs prédécesseurs. »

La plupart tiennent au désordre pour la possibilité qui leur est offerte de l'exploiter.

En poursuivant la chimère des puissances de richesse et de commandement qui ne lui reviennent pas et qu'il ne saurait exercer vraiment, le nombre abdique les puissances d'opinion publique auxquelles il peut prétendre et qui lui sont propres. A ses vaines et tumultueuses agitations répondent l'accaparement affameur et les brutales répressions. C'est la guerre civile latente et bientôt patente.

« Dans toute guerre civile, dit Polybe, il s'agit de déplacer les fortunes. » La confusion des pouvoirs temporel et spirituel suscite et entretient la guerre sociale.

« Les cités grecques flottaient toujours entre deux révolutions, dit Fustel de Coulanges : l'une qui dépouillait les riches, l'autre qui les remettait en possession de leur fortune. » Et l'éminent historien nous montre aussi comment se terminent les guerres sociales en ajoutant : « Cela dura depuis la guerre du Péloponèse jusqu'à la conquête de la Grèce par les Romains. »

De nos jours, l'argent est beaucoup plus fort. Il résiste mieux aux violences du nombre, et d'abord par le dérivatif du suffrage universel. Par là, on donne au nombre toute licence, — sauf contre l'argent. Aussi, en se réservant les jouissances du présent, la richesse abusive lui livre les immenses trésors du passé et les infinies possibilités de l'avenir.

Il n'y a donc plus que d'âpres revendications de « droits » qui se nient réciproquement en ruinant l'ensemble social. Qui se comprend dans cet ensemble ne peut que reconnaître l'absurdité de ces agitations. Comment ne verrait-il pas, au surplus, que le « droit » du faible à l'égard du fort est une duperie, tandis que le « devoir » du fort envers le faible est une réalité positive.

Le mensonge de l'égalité politique et la fallacieuse proclamation des droits de l'homme ont permis aux riches de se soustraire aux réels et nécessaires devoirs toujours proportionnés aux pouvoirs.

II. — La souveraineté du peuple.

Quand le nombre s'est détourné de ses voies et quand il a voulu devenir sa propre fin en aspirant à diriger l'État, son caractère moral s'est altéré rapidement et profondément.

Là aussi, c'est dans la Déclaration des droits de l'homme qu'on trouve le virus : « Le principe de toute souveraineté réside essentiellement dans la nation. Nul corps, nul individu ne peut exercer d'autorité qui n'en émane expressément. »

La société moderne lui doit les folles utopies de la violence, les aberrations de l'étatisme et la mystification du suffrage universel. Ainsi, les excès du nombre ont aggravé les abus de la richesse, et réciproquement.

Mystification, ai-je dit ? — Dans *la Crise sociale*, j'ai fait remarquer que, sous l'ancien régime, sans suffrage exprimé, tout le monde tenait pour le roi régnant; que, sous cette république, hormis clients, sportulaires et financiers, tout le monde est peu ou prou de l'opposition.

« La représentation nationale est une fiction, rien qu'une fiction, a reconnu Rittinghausen. Le délégué ne représente que lui-même, puisqu'il vote selon sa propre volonté et non selon la volonté de ses mandataires. Il peut dire « oui » quand ceux-ci diraient « non », et il le fera dans la plupart des cas. »

Pas même. Un vieux parlementaire radical, M. Modeste Leroy, déclarait un jour : « On veut toujours le contraire de ce qu'on vote. »

Auguste Comte a toujours représenté « la souveraineté du peuple comme une mystification oppressive et l'égalité comme un ignoble mensonge ». Et alors Proudhon disait de son côté : « Le moyen le plus sûr de faire mentir le peuple est d'établir le suffrage universel. »

Après que l'expérience a été parachevée jusqu'à l'invasion, la décomposition de la société et la ruine de l'État français, on peut juger combien ces deux grands esprits étaient supérieurs aux rêveurs, aux politiciens et métaphysiciens de leur temps qui, après le néfaste Jean-Jacques Rousseau, se faisaient les défenseurs du dogme calviniste de la souveraineté infaillible du peuple.

C'était le poète Lamartine qui disait : « Tout Français qui a l'âge d'homme est citoyen, tout citoyen est électeur, tout électeur est souverain. Le droit est égal pour tous et il est absolu. Aucun citoyen ne peut dire à l'autre : Je suis plus souverain que toi. »

C'était le politicien Louis Blanc : « Il y a cela d'admirable dans le suffrage universel que, par des voies douces et régulières, il tend à faire monter au sein du pouvoir les progrès que le mouvement caché des siècles réalise au sein des sociétés. »

C'était le confus matérialiste et utopiste John Stuart Mill : « L'idéal de la meilleure forme du gouvernement est le gouvernement représentatif. »

C'étaient le légitimiste de Genoude, le publiciste de Girardin, Victor Hugo, et d'autres; plus près de nous encore, l'universitaire Alfred Fouillée : « Le suffrage universel peut être défini un moyen que la force emploie dans les sociétés modernes, pour se calculer elle-même, et se donner la conscience de soi en même temps que la conscience des forces contraires. »

La quantité serait donc la seule force sociale? — Même dans la guerre, où des masses s'entre-heurtent, le moral, ont remarqué tous les grands capitaines, est presque tout.

III. — Mystification oppressive.

Et en réalité, voici comment se fait le calcul : Sur 39 millions de Français, il y a 11 millions d'électeurs. Sur ce dernier nombre, un peu plus de 2 millions sont représentés par la majorité parlementaire.

Il n'y a jamais plus de 45 °/ₒ des voix qui soient représentées. C'est toujours une très faible majorité de ces voix représentées qui fait loi, — et, si l'on considère l'ensemble de la population, 6 °/ₒ seulement.

D'ailleurs, les élus de ce résidu, de cette intime minorité de Français composée au hasard, ont bien mieux à faire que de « représenter » leurs électeurs. Il faut penser à la réélection ou profiter le plus possible d'un règne assez court. Député ou sénateur, il faut être ministre. Ministre, il le faut rester.

Le grand moyen, c'est la faconde. Aussi, sur 590 députés, plus de 500 appartiennent à ces professions : Fonctionnaires, médecins, journalistes, avocats, surtout avocats. En 1791, sur 745 membres de l'Assemblée législative, on comptait déjà 400 avocats.

IV. — Les partis.

Mauvaise arithmétique, soit, répondent tous nos réformateurs de la peste; mais avec une bonne arithmétique, avec la représentation proportionnelle, nous ferons de bonne politique.

Comment ne voient-ils pas que c'est l'arithmétique même qui est absurde foncièrement ?

La Belgique a expérimenté à peu près tous les procédés qu'on nous recommande, et c'est un député belge, M. Jules Destrées, qui écrit : « En résumé, l'amélioration du personnel parlementaire ne peut pas raisonnablement s'espérer, il n'y a pas grand'chose à attendre d'une modification dans les dispositions réglementaires ou dans les systèmes électoraux; dès lors, selon toute vraisemblanche, le discrédit du régime ne fera que s'accentuer. »

Quel rapport peuvent avoir des chiffres avec la Constitution et l'exercice du gouvernement?

Avec la représentation proportionnelle, nous assurent ses protagonistes, le suffrage universel s'organisera, nous aurons des partis.

Que leur faut-il donc? L'organisation du désordre ou du suffrage universel ? des partis? — Nous en crevons.

« Le parti, cadre mouvant et incertain, écrit M. J. Dessaint, n'enferme qu'une infime portion, et non la meilleure, de l'activité humaine. Ce qu'il unit, c'est, la plupart du temps, des passions, des rancunes, des idéologies vagues, sous lesquelles se dissimulent parfois des intérêts inavouables. »

Et ce n'est pas d'aujourd'hui. Il y a plus de vingt-trois siècles, Thucydide (*Les Guerres du Péloponèse*) le notait déjà :

« Les compagnons du même parti se préféraient aux parents. On contractait ces sortes de liaison pour satisfaire la cupidité, en dépit des lois. Ceux qui établissaient ces ligues contre l'intérêt public basaient leur confiance sur ce qu'ils se connaissaient capables de tout enfreindre en commun. En général, les méchants acquièrent plus aisément la réputation de gens habiles que les maladroits celle d'honnêtes gens. On a honte de la maladresse, la méchanceté devient un titre de gloire. La cause de tous ces maux, c'est la fureur de dominer qu'inspirent l'ambition et la cupidité.

« Sous le prétexte spécieux de l'égalité politique, ils affectaient de ne consulter que le bien de la patrie, mais elle-même était le prix qu'ils se disputaient. Dans leur lutte réciproque, pour l'emporter les uns sur les autres par quelque moyen que ce fût, il n'était pas d'excès que ne se permît leur audace, sans souci de l'équité ou de l'intérêt général. Ils foulaient aux pieds la bonne foi, et en cachant adroitement leur astuce, leurs succès leur assuraient la plus haute réputation. Les citoyens modérés étaient victimes des factions, soit parce qu'ils ne combattaient point avec elles, soit parce qu'on enviait leur tranquillité. »

V. — Le meilleur choix.

Quant au suffrage universel, il n'est que trop bien organisé, avec ses comités, ses « caucus », sa « machine » maçonnique.

« L'art électoral est bien un art, dira Paul Bourget. Il suppose un vrai talent chez ceux qui le pratiquent, mais c'est un talent sans valeur solide, le talent du maquignon et du charlatan. L'oligarchie élaborée de la sorte est une oligarchie de gens retors, âpres, dégradés, l'oligarchie des supériorités inférieures, si l'on peut dire. Nous voyons aujourd'hui aux affaires ce personnel d'aigrefins éminemment incapables des hautes qualités que suppose le gouvernement d'un grand pays. Ce n'est pas là un accident, c'est une condition même de l'activité électorale qu'elle doive nécessairement produire de tels personnages. »

Sans doute, on ne veut qu'un meilleur choix. Mais il n'est pas de bon choix. C'est dans la désignation même des supérieurs par les inférieurs qu'est le vice. Et d'abord celui de l'instabilité.

« Tout vrai politique définitivement surgi, a dit Pierre Laffitte, doit être considéré comme une force sociale plus ou moins parfaite, mais qui doit être respectée, et dont la critique ne doit être menée qu'avec ménagement. Quand des hommes de valeur ont conquis par une ascension plus ou moins lente la notoriété, et qu'ils ont montré une aptitude plus ou moins grande aux affaires publiques, il n'est pas permis, moralement, de venir à tout propos et hors de propos les soumettre à des critiques sans discernement et sans réserve. Ces critiques sont d'autant plus blâmables, habituellement, qu'elles portent sur le sujet le plus difficile, le jugement d'un homme, et qu'il n'y a que les appréciations positives et scientifiques qui sachent réellement tenir compte des éléments multiples d'une appréciation personnelle... Il est de mon devoir d'indiquer au public comme une véritable obligation morale résultée de la nature même des choses, c'est qu'il est dangereux et fâcheux de regarder gouverner de trop près. Cette habitude, qui résulte surtout de l'action du journalisme, et qui consiste à suivre constamment et sur toutes les questions les détails de la vie politique, est irrationnelle, parce qu'elle détourne de cet esprit d'ensemble qui est indispensable à toute appréciation politique. »

On peut toujours trouver ou croire trouver plus apte.

A quelqu'un qui dénigrait les rois, J. de Maistre répondit : « Un prince est ce que le fait la nature, le meilleur est celui qu'on a. »

Si c'est le mérite qu'on se propose de découvrir, qui donc ne se jugera pas soi-même apte aux plus hauts emplois ?—On ne le voit que trop maintenant. Personne ne veut plus apprendre, obéir, produire. Nul ne se tient où il est et n'aime ce qu'il fait.

« Nul n'a droit à une place, disait Renan, tous ont droit que les places soient bien remplies. » Le nombre n'a pas le droit de gouverner, mais d'être gouverné. « Les droits des hommes, en matière de gouvernement, a dit aussi Edmond Burke, consistent à ce que leurs intérêts soient protégés. »

Ici, il convient de rappeler le précepte essentiel de la politique positive : « A l'orageuse discussion des droits, nous substituons la paisible détermination des devoirs. Les vains débats sur la possession du pouvoir sont remplacés par l'examen des règles relatives à son sage exercice. »

VI. — L'élection donne le pire.

Et puis, qui donc peut croire qu'élection c'est sélection ?

« Il est incontestable que s'il fallait s'en tenir à un moyen de sélection unique, dit Renan, la naissance vaudrait mieux que l'élection. Le hasard de la naissance est moindre que le hasard du scrutin. »

Hasard ? — Pour la naissance sans doute, non pour l'élection. En démocratie, comme l'avait déjà remarqué Aristophane, les mauvais citoyens excluent du pouvoir les bons, plus sûrement encore que la mauvaise monnaie chasse la bonne. Le scrutin donne nécessairement le pire, et de plus en plus.

C'est presque sérieusement que M. Henri Mazel a pu proposer de remplacer l'élection par le tirage au sort. Il s'est même fondé quelque vague ligue pour propag[illegible] « auto-démocratie ». Évidemment, l'on [illegible] gagnerait.

Qu'est donc, après tout, le suffrage universel ? Pour Taine : « C'est la pluralité des Français adultes, mâles, comptés par tête, c'est-à-dire un être collectif où la petite élite intelligente est noyée dans la grosse multitude brute; de tous les jurys, c'est le plus incompétent, le plus aisément affolé et dupé, le plus incapable de comprendre les questions qu'on lui pose et les conséquences de sa réponse, le plus mal informé, le plus inattentif, le plus aveuglé par des sympathies ou antipathies préconçues, le plus volontiers absent, simple troupeau de moutons racolés, dont on peut toujours escroquer, violenter ou falsifier le vote, et dont le verdict, contraint ou simulé, est d'avance à la merci des politiciens. »

Le servilisme électoral a été dénoncé par Tacite. Élection, c'est corruption. On entend bien qu'on ne s'y résout que pour en profiter, trafiquer du mandat obtenu. On peut accepter de mourir par dévouement civique, non s'avilir. Le niveau intellectuel et moral d'une Assemblée élective doit baisser à chaque renouvellement.

« Dans les élections, dit Rittinghausen, l'intrigant a l'avantage sur l'honnête homme, parce qu'il ne reculera pas devant une foule de moyens qu'un candidat honorable dédaigne ; l'ignorant a l'avantage sur l'homme de talent, parce que les trois quarts des électeurs voteront toujours et devront toujours voter sans connaître et sans pouvoir juger le candidat. »

L'expérience est éternelle et universelle.

— « Je ne puis, dit Xénophon, comme Aristophane, approuver l'État des Athéniens, parce qu'ils ont suivi la forme de république en laquelle toujours les plus méchants ont du meilleur, et les hommes d'honneur et de vertu sont foulés aux pieds. »

— « Il est impossible, note Sénèque, que celui plaise au peuple à qui la vertu plaît. »

— « La conservation d'une république populaire, remarque Bodin, est d'avancer aux offices et bénéfices les plus vicieux et les plus indignes. »

— « *Vox populi, vox stultorum* », prononce Pierre Charron.

— « Dans l'État populaire, observe Domat, les brigues ont souvent plus de part au suffrage que le mérite, et ceux qui se proposent une élévation aux premières places..., s'ils manquent d'occasion et de conjonctures pour user de la force, ils tâchent de s'attirer les suffrages par des présents, par des promesses, par des menaces sur ceux à qui ils peuvent en faire, et par d'autres vices, qui divisent les familles, corrompant ceux qui doivent faire l'élection, et font élever au gouvernement de méchants sujets. »

— « Bien des gens, écrit de Tocqueville, croient sans le dire ou disent sans le croire, qu'un des grands avantages du vote universel est d'appeler à la direction des affaires des hommes dignes de la confiance publique. Pour moi, je dois le dire, ce que j'ai vu en Amérique ne m'autorise point à penser qu'il en soit ainsi. A mon arrivée aux États-Unis, je fus frappé de surprise en découvrant à quel point le mérite était commun parmi les gouvernés, et combien il l'était peu chez les gouvernants. C'est un fait constant que, de nos jours, aux États-Unis, les hommes les plus remarquables sont rarement appelés aux fonctions publiques.

« Du reste, ce n'est pas toujours la capacité qui manque à la démocratie pour choisir des hommes de mérite, mais le désir et le goût. Il ne faut pas se dissimuler que les institutions démocratiques développent, à un très haut degré, le sentiment de l'envie dans le cœur humain. Il m'est démontré que ceux qui regardent le vote universel comme une garantie de la bonté des choix se font une illusion complète. »

— « La tendance naturelle du gouvernement représentatif, reconnait Stuart Mill, comme de la civilisation moderne, incline vers la médiocrité collective. »

— « C'est un vice reconnu de la démocratie, assure de Laveleye, de ne pas faire arriver au pouvoir les hommes les plus dignes de l'exercer. »

— « La tendance est toujours de donner le pouvoir au pire, confirme Henry George. L'honnêteté et le patriotisme sont vaincus par l'impudence. Dans bien des districts, des hommes comme George Washington, Benjamin Franklin, Thomas Jefferson ne pourraient pas arriver au plus petit emploi législatif. Le niveau de nos corps législatifs baisse chaque jour. Les hommes capables et probes sont forcés de fuir la politique. »

Le hasard intervient-il pour faire passer un homme de mérite, — cela est arrivé parfois, — cet homme ne tarde pas à s'abêtir et à se corrompre. La « pourriture d'assemblée » contamine tout, la plaine et la montagne, le centre, la gauche, la droite, et même ceux qui prétendent siéger au plafond.

« Dans l'assemblée, ajoute l'honnête témoin qu'est Rittinghausen, beaucoup de personnes honorables changeront de caractères... Il y a des tentations auxquelles il ne faut pas exposer les hommes, sous peine de les voir succomber. L'une de ces tentations, c'est le pouvoir de s'élever, de s'enrichir soi et sa famille, de tyranniser enfin ses semblables sans encourir une responsabilité quelconque... Chaque assemblée qui arrive doit être nécessairement plus mauvaise encore que celle qui l'a précédée. »

Quand ce n'est pas l'âme qui est basse, c'est l'intelligence. « Certainement, répète H. Spencer, après Condorcet, parmi les croyances monstrueuses, une des plus monstrueuses est celle qu'il faut un long apprentissage pour un simple métier, celui de cordonnier par exemple, et que la seule chose qui n'exige pas d'apprentissage, c'est de faire des lois pour une nation. »

Il n'y a qu'un cas où l'élection ne donne pas nécessairement le pire, c'est quand elle se fait payer par le plus riche. C'est seulement parce que l'électeur est fort sensible à l'argent que nos assemblées ne sont pas composées entièrement d'imbéciles et de coquins. Dans la mesure où il peut aboutir à un semblant de gouvernement, le système électif ne réalise jamais qu'une argyrocratie.

VII. — Du pain et des jeux.

Aux comités tricheurs et corrupteurs, M. Ostrogorski avait proposé de substituer des ligues ayant un objet spécial et donc une durée assez courte.

Mais ce ne serait que pour déterminer l'élaboration des lois, ce qu'on appelle des réformes. Réformer n'est pas gouverner. Pour améliorer, il faut d'abord conserver.

Des lois, nous en avons trop. Et ce ne sont pas des ligues qui les peuvent appliquer, administrer, s'inspirer du passé pour préparer l'avenir, retenir et pousser où et quand il faut.

Ce n'est pas le pouvoir du nombre, mais le suffrage universel qui est nocif, en mettant obstacle à toute constitution de pouvoir, — hormis l'argent, — et d'abord à celui du nombre même, l'opinion publique.

En vérité, Montesquieu errait en pleine idéologie délétère lorsqu'il écrivait : « Le peuple est admirable pour choisir ceux à qui il doit confier quelque partie de son autorité... Il sait très bien qu'un homme a été souvent à la guerre, qu'il y a eu tels ou tels succès : il est donc très capable d'élire un général. Il sait qu'un juge est assidu, que beaucoup de gens se retirent de son tribunal contents de lui, qu'on ne l'a pas convaincu de corruption : en voilà assez pour qu'il élise un préteur. Il a été frappé de la magnificence ou des richesses d'un citoyen : cela suffit pour qu'il puisse choisir un édile. Toutes ces choses sont des faits dont il s'instruit mieux dans la place publique qu'un monarque dans son palais. »

Sans doute, l'auteur de l'*Esprit des lois* avait en vue Athènes et Rome : Athènes, avec ses quatre classes formées par Solon et ses 200.000 esclaves pour 20.000 citoyens ; Rome, où l'on votait par centuries. Mais il n'en est pas moins vrai que Rome et Athènes furent dissociées, envahies et détruites. Si mitigé qu'il fût, le système électif ne donna que ce qu'il pouvait donner.

« Le désordre des affaires publiques, dit Paul Bourget, a toujours été, en France, depuis cent vingt ans, fonction du régime parlementaire et électif. »

Il en sera de même partout.

Du pain et des jeux, ce sera toujours toute la politique d'une plèbe livrée à elle-même. Ainsi, on put faire, à Athènes menacée, une loi punissant de mort celui qui proposerait de convertir aux usages de la guerre l'argent destiné aux chorégies. C'est, déjà, toute notre démagogie parlementaire.

Au reste, Montesquieu reconnaissait que, pour instituer une démocratie élective, il importe que des lois établissent l'égalité des fortunes et imposent la frugalité uniforme. C'était montrer que la régression vers le communisme politique doit se compléter par une régression générale vers le communisme économique des sociétés primitives.

VIII. — Les intérêts particuliers coalisés contre l'intérêt général.

Il n'est pas de procédé qui puisse améliorer cette lèpre phagédénique.

Voici, par exemple, celui qu'imagina Blunstchli et qui semble le plus sage : l'élection basée sur les groupes organiques (famille, commune, région, profession, église, association spirituelle), qui éliminerait le dangereux despotisme d'un parti, des comités électoraux, qui tiendrait compte de la compétence plus que de l'éloquence, qui réaliserait à la fois « la variété ordonnée et la représentation des minorités ».

Les éléments de l'ordre que sont les groupes organiques ne vont pas avec le système d'anarchie qu'est l'élection.

D'après Jean-Jacques Rousseau, ce sombre génie de l'utopie, la volonté générale ne se peut dégager que si les citoyens sont tous des unités isolées, de telle sorte qu'il puisse s'établir une moyenne des opinions : « Quand il se fait des ligues, des associations partielles aux dépens de la grande, la volonté de chacune de ces associations devient générale par rapport à ses membres et particulière par rapport à l'État : il n'y a plus autant de votants que d'hommes, mais seulement autant que d'associations. Ces différences deviennent moins nombreuses et le résultat moins général. »

C'est dans les groupes que s'organise l'indépendance des citoyens ; mais c'est à l'État d'assurer le concours. On conçoit que cette dernière fonction ne peut être déterminée par la première.

« Le nombre et les groupements professionnels, professe M. Léon Duguit, sont les deux grandes forces de la démocratie moderne. Ce sont ces deux forces qu'il faut organiser de manière à ce qu'elles se pondèrent réciproquement. C'est ainsi seulement que l'on donnera au pays une Constitution positive, harmonique à son état social. »

Soit ; mais le nombre comme les groupements professionnels, quoi les gouvernera, c'est-à-dire assurera leur concours?

Le désordre des groupes est encore plus funeste que celui des individualités, parce que les forces qui se heurtent sont plus grandes. La représentation des intérêts particuliers ne peut constituer l'organe de l'intérêt général que doit être le gouvernement.

Voici un fait caractéristique rapporté par Junius dans l'*Écho de Paris* :

« Un peu partout, nous assistons à la reconstitution, sous des titres divers, mais par les mêmes procédés, de catégories sociales, de véritables castes pour qui le droit ne commence que là où il se mue en privilège. Après les syndicats ouvriers, les confréries révolutionnaires d'instituteurs, les confédérations de fonctionnaires, qui sont autant de grands feudataires de la république, voici que l'État, gardien et symbole de l'égalité et de l'unité françaises, se trouve aux prises avec le grand électeur du régime : le Débitant. La vache à lait contre l'assiette au beurre.

« On a vu que, à la nouvelle de la concentration projetée de notre flotte dans la Méditerranée, les débitants brestois s'étaient constitués en ligues de défense à seule fin de garder l'exploitation de l'escadre dont ils sont menacés d'être dépossédés. Qu'adviendra-t-il de ce nouvel attentat à l'intérêt national et aux droits tutélaires du pouvoir central ? Comment finira la lutte entre celui-ci et ces privilégiés en révolte ? Il y a des précédents qui ne sont guère rassurants. Vous souvient-il de la levée de demi-setiers provoquée naguère de la part des grands bars et des menus « zincs » de Toulon pour la durée excessive, à leur gré, des exercices et des croisières de l'escadre de la Méditerranée ? Je crois me rappeler que, grâce à l'intervention rituelle des parlementaires, l'effort ne fut pas vain. On n'a peut-être pas abrégé la période d'exercices, tout au moins s'est-on ingénié à ménager des compensations à ces fermiers généraux de la flotte. »

La vérité est que la pression des tenanciers

des bars et maisons publiques de Toulon, tous électeurs radicaux-socialistes naturellement, parvint à faire mettre en disponibilité un commandant d'escadre parce que celui-ci, trop souvent, faisait manœuvrer ses cuirassés en pleine mer. Il nuisait ainsi à la prospérité du petit commerce de l'alcoolisme et de la prostitution, — « si digne d'intérêt ».

Le gouvernement ayant exprimé la velléité d'interdire pendant la guerre la consommation de l'alcool de bouche, M. Grasset, président du syndicat central des distillateurs de France, adressait, le 16 décembre 1916, l'appel suivant à tous ses adhérents :

« Nous cherchons à provoquer l'envoi d'innombrables dépêches de protestation au Palais-Bourbon pour y susciter une émotion légitime qui fasse renoncer au décret et l'empêche de paraître.

« Il n'y a pas une minute à perdre, télégraphiez ou écrivez aujourd'hui même à votre député pour lui dire vos sentiments d'angoisse, les ruines et peut-être les troubles que cet abominable décret pourrait provoquer.

« Voyez tous les syndicats et toutes les personnalités politiques ou électorales de votre département qui peuvent exercer une influence sur vos députés et sénateurs et faites-les télégraphier.

« Employez toutes les ressources de l'influence électorale. C'est l'unique moyen de salut. »

Et le gouvernement se le tint pour dit. Ne venait-il pas, d'ailleurs, de céder devant l'impudence des débitants de Marseille qui avaient refusé d'obéir aux mesures de défense nationale et sociale du général d'Amade? On vit alors la Chambre discuter trois heures durant le « droit à l'ivrognerie, à la mutinerie des plus basses cupidités », cependant que les zeppelins bombardaient Paris. On a vu aussi les syndicats ouvriers à l'œuvre.

Voilà ce que peut être la représentation des intérêts professionnels quand le pouvoir central ne les domine point. Cette soi-disant organisation de la démocratie n'est que l'organisation des forces divergentes en conflits.

IX. — Indépendance et concours.

Un gouvernement parlementaire est incapable de prendre une mesure d'intérêt général lésant quelques intérêts particuliers. Car ceux-ci seuls sont organisés. Et en proportion de leur nocuité. Il ne saurait, non plus, résister à leurs sollicitations. Partis, syndicats, ligues deviennent ainsi les désordres mendiants de la nation.

« Le mal, reconnaissait un jour *le Temps*, c'est l'impunité ou la protection de la fraude, c'est le gaspillage des ressources de la nation. C'est le triomphe du braconnier sous toutes ses formes. C'est le budget dévasté par le bouilleur de cru. C'est partout, dans chaque compartiment de nos finances, une fissure ouverte. C'est la dispersion de nos efforts et, par suite, l'incapacité de rien faire de grand. C'est cette coalition des routines qui fait, par exemple, que la France veut rester à tout prix le Conservatoire de la marine à voiles, parce qu'il y a des primes à distribuer : grosse monnaie électorale.

« Nous pourrions avoir le plus bel outillage économique, puisque nous avons tant d'argent. Nous pourrions aménager deux ou trois ports qui laisseraient très loin Anvers, Rotterdam, Hambourg. Mais nous préférons distribuer nos ressources entre vingt ou trente ports qui ont des députés exigeants. C'est ainsi qu'un énorme budget se vaporise. Il se répand comme une poussière d'eau, qui mouille la terre et ne la féconde pas. En présence d'un tel cas, on prône des systèmes de guérison : scrutin de liste, renouvellement partiel, etc. Ce sont des recettes de bonne femme. »

On pourrait multiplier de tels exemples. Plus encore que le nombre, par ses syndicats d'hommes d'affaires, ses grandes compagnies, l'argent fait ce qu'il veut d'un État qui est aussi incapable d'assurer le concours que de garantir l'indépendance.

Cet Etat ne retarde sa propre dissolution qu'en restreignant au minimum la vie sociale, en réduisant toutes les forces organiques, en n'admettant plus qu'une poussière d'individus.

« Pas de sociétés particulières dans l'Etat », disait Rousseau après Louis XIV. De vaines agitations électorales et le bavardage de la presse et du Parlement donnent l'illusion de l'action libre aux Français dissociés, cependant qu'ils restent sans défense contre l'exploitation et la tyrannie des comités politiques et des syndicats financiers. « Rien ne finit par devenir aussi injuste et aussi oppressif qu'un gouvernement faible », a dit Edmond Burke.

En définitive, si tout progrès politique consiste dans le développement simultané du concours et de l'indépendance, on doit reconnaître que le système électif et parlementaire détermine la pire rétrogradation, puisqu'il aboutit, d'une part, à restreindre l'indépendance, c'est-à-dire au jacobinisme ; d'autre part, à relâcher le concours, c'est-à-dire à l'anarchie.

X. — De la vertu comme principe de gouvernement.

Le mal est dans la maladie même, le mal est dans le système représentatif. On ne le perfectionne que pour l'empirer. Plus il est logique et sincère, plus il est dissolvant.

« Il y a souvent, reconnait Rousseau, bien de la différence entre la volonté de tous et la volonté générale : celle-ci ne regarde qu'à l'intérêt commun, l'autre ne regarde qu'à l'intérêt privé et n'est qu'une somme de volontés particulières : mais ôtez de ces volontés les plus et les moins qui s'entre-détruisent, reste pour somme des différences la volonté générale. »

Un ancien représentant du peuple de 1848 a répondu au sophisme : « Il est absurde, dit

Rittinghausen, de vouloir faire représenter une chose par ce qui lui est diamétralement opposé : le noir par le blanc, l'intérêt général d'un peuple par un intérêt particulier qui est son contraire. » De Bonald avait déjà écrit : « Chacun aime la licence, et tous veulent l'ordre, et, certes, ici, la volonté générale de la société n'est pas la somme des volontés particulières des individus. »

L'intérêt collectif n'est pas la somme des intérêts particuliers présents, la volonté sociale continue n'est pas la somme des volontés individuelles. Le gouvernement a pour fonction, précisément, de subordonner ceci à cela, et par la contrainte quand la persuasion ne suffit pas.

Si l'on admet que les intérêts particuliers composent l'intérêt public ou que les volontés particulières réunies — soit des individus, soit des groupes, — forment la volonté sociale par simple addition, il n'est pas besoin de gouvernement.

C'est en ce sens qu'il faut entendre la fameuse assertion de Montesquieu que le principe du gouvernement démocratique, c'est la vertu : « Il ne faut pas beaucoup de probité pour qu'un gouvernement monarchique ou un gouvernement despotique se maintiennent ou se soutiennent. La force des lois dans l'un, le bras du prince toujours levé dans l'autre, règlent et contiennent tout. Mais, dans un État populaire, il faut un ressort de plus, qui est la vertu. »

Ce qui revient à dire que son principe est qu'il n'ait pas à gouverner, car il y est radicalement impropre.

« L'État sera très peu stable, lit-on dans le *Traité politique* de B. Spinoza, lorsque son salut dépendra de l'honnêteté d'un individu et que les affaires ne pourront y être bien conduites qu'à la condition d'être dans des mains honnêtes. Pour qu'il puisse durer, il faut que les affaires publiques y soient ordonnées de telle sorte que ceux qui les manient, soit que la raison, soit que les passions les fassent agir ne puissent être tentés d'être de mauvaise foi et de mal faire. Car peu importe, quant à la sécurité de l'État, que ce soit par tel ou tel motif que les gouvernants administrent bien les affaires publiques, pourvu que ces affaires soient bien administrées. La liberté ou la force d'âme est la vertu du particulier; mais la vertu de l'État, c'est la sécurité. Enfin, comme les hommes, barbares ou civilisés, s'unissent partout entre eux et forment une certaine société civile, il s'ensuit que ce n'est point aux maximes de la raison qu'il faut demander les principes et les fondements naturels de l'État, mais qu'il faut les déduire de la nature et de la condition commune de l'Humanité. »

La vertu ne peut être un principe de gouvernement, puisque, précisément, le gouvernement a pour fin d'imposer ce que la vertu ne peut obtenir. Car chacun ne peut sacrifier à tout instant son intérêt personnel, son humeur, à l'intérêt général et à la discipline. L'héroïsme n'est jamais qu'exceptionnel et momentané.

A supposer qu'il devînt habituel, la difficulté ne serait nullement surmontée. Il ne suffit pas de vouloir, il faut savoir. Il ne suffit pas de savoir, il faut s'accorder en même temps pour le même effort.

Le juste, d'après Montesquieu, est la vertu même. Or le but du gouvernement temporel n'est pas le juste, mais l'ordre.

C'est au pouvoir spirituel qu'il appartient d'enseigner la vertu et de l'exalter, — de persuader.

Au temporel revient de contenir les volontés divergentes et de pousser les activités qui se refusent. Cela est une action, a dit Balzac, « et le principe électif est la discussion. Il n'y a pas de politique possible avec la discussion en permanence ».

XI. — **L'appel des passions par les erreurs.**

Ce système qui ne peut jouer que par la vertu est naturellement celui qui peut le moins la produire. Il est essentiellement contre-éducateur, corrupteur.

Il y a quelque vingt ans, M. Ed. Théry avait calculé que chaque élection législative coûte en moyenne 25 millions de francs, soit 40.000 francs par circonscription, et 4.000 fr. de plus que le montant des indemnités parlementaires de quatre années. Cette indemnité a été élevée ; mais plus encore les frais d'élection.

La corruption est à répercussions, à rétorsions infinies. C'est tout l'esprit public qui est infecté.

Le trafic des décorations par un Wilson, qui souleva l'indignation populaire, paraît aujourd'hui une peccadille. Un Comité quasi officiel, pour garnir la caisse électorale d'un parti, s'y livre ouvertement. Il n'est pas un commerçant ou un industriel qui ne connaisse les tarifs de la rubanerie verte, violette et rouge.

« Dix millions d'ignorances ne font pas un savoir, dit Taine. Un peuple consulté peut à la rigueur dire la forme de gouvernement qui lui plait, mais non celle dont il a besoin. »

Dix millions de velléités incohérentes et de caprices personnels ne font pas une volonté sociale, ni une direction ; dix millions de cupidités égoïstes ne font pas une administration.

« Qui voudrait appliquer à ses affaires privées les principes qu'il préconise en politique, dit Le Play, et pousser la logique d'un faux système au point de soumettre les décisions concernant ses intérêts, son honneur et sa vie, au verdict de la plupart des citoyens qui l'entourent ? »

Imaginons l'élection dans l'industrie : Aucune entreprise ne tiendrait. Un bas politicien nommé ingénieur des mines provoquerait de terribles catastrophes. C'est pourtant ainsi que nous faisons des ministres. Le suffrage universel est la destruction, l'insurrection en permanence. On peut en dire ce que de Bonald disait de la Révolution : « C'est un appel fait à toutes les passions par toutes les erreurs. »

De quelques oripeaux qu'on le déguise, majoritaire ou proportionnaliste, voire unanimiste, l'appel subsiste, et ses conséquences corruptrices, anarchiques restent aussi funestes pour l'ordre que pour le progrès.

Là-dessus, l'Église pense comme le fondateur de la politique positive.

Dans son encyclique *Diuturnum illud*, Léon XIII enseigne : « Des modernes en grand nombre, marchant sur les traces de ceux qui, au siècle dernier, se donnèrent le nom de philosophes, déclarent que toute puissance vient du peuple, qu'en conséquence ceux qui exercent le pouvoir dans la société ne l'exercent pas comme leur autorité propre, mais comme une autorité à eux déléguée par le peuple et sous la condition qu'elle puisse être révoquée par la volonté du peuple de qui ils la tiennent. Tout contraire est le sentiment des catholiques qui font dériver le droit de commander de Dieu, comme de son principe naturel et nécessaire. »

Et Pie X ajoute après Léon XIII : « Il est anormal que la délégation monte, puisqu'il est de sa nature de descendre. »

Un parlementaire, dont on pourrait dire qu'il eût mieux valu, pour lui-même et pour la France, qu'il ne fût jamais né, si tout autre parlementaire n'eût été à sa place aussi néfaste, Émile Ollivier, a écrit dans un moment de bon sens : « La démocratie pure, supprimant à son profit les autres éléments sociaux, faisant découler toutes les forces et tous les pouvoirs d'une élection égalitaire, constitue, de l'aveu des théologiens, des philosophes, publicistes anciens et modernes, le pire des gouvernements, *omnium deterrimum*, selon la forte expression de Bellarmin, qui résume l'opinion unanime de l'Humanité pensante. »

Le moins qu'on puisse reprocher au système électif, c'est de subordonner le général au particulier, c'est de placer le supérieur dans la dépendance de l'inférieur. Or, « pouvoir et dépendance s'excluent mutuellement comme rond et carré », a dit de Bonald.

Rien de plus juste.

« Pour qu'une autorité soit respectée, accentue encore H. Taine, il ne faut pas qu'elle naisse sur place et sous la main des subordonnés. Lorsque ceux qui la font sont précisément ceux qui la subissent, elle perd son prestige avec son indépendance, car, en la subissant, ils se souviennent qu'ils l'ont faite. »

Toutes vérités que les Français reconnaîtraient volontiers s'ils se pénétraient enfin de cette vérité que leurs affaires privées péricliteront si les affaires publiques vont de plus en plus mal, ou s'ils avaient pour celles-ci un peu de la sollicitude qu'ils ont pour celles-là. Le bon sens est aussi nécessaire dans l'ensemble que dans la partie.

Au reste, devant le danger de l'invasion, il a bien fallu le reconnaître.

II

LE GOUVERNEMENT

I. — Le nombre dans la guerre.

La levée en masse, les troupes élisant leurs chefs, les soldats en sabots qui culbutent l'ennemi en chantant *la Marseillaise*, toutes ces nuées romantico-révolutionnaires se dissipèrent aux premiers coups de canon.

On reconnut que notre « droit » valait surtout par le 75 et qu'il faut une organisation à l'action, même guerrière.

La guerre a prouvé que le nombre était une force ; mais le nombre discipliné, non la cohue grégaire.

Ne laissons point les professionnels de la démagogie revenir là-dessus.

Organisation, c'est division du travail, spécialisation des fonctions, hiérarchie.

On a admis ainsi le privilège des compétences suffisantes, la nécessité de l'indépendance et de l'efficacité du commandement. Dès qu'il y a danger apparent, l'obéissance devient facile.

Quand Louis XIV menaça la Hollande, celle-ci, rapporte Fustel de Coulanges, « changea son gouvernement et fit une révolution pour se mieux défendre ; laissant de côté pour un moment ses institutions républicaines, qui lui avaient donné le calme et la prospérité, mais qui ne lui paraissaient pas assurer assez énergiquement l'indépendance nationale, elle établit une sorte de dictature militaire pour le salut du pays ».

Dès le 2 août 1914, nous commençâmes donc, sagement, par mettre de côté la souveraineté du peuple et le parlementarisme. Nul ne se refusa au devoir impérieux d'obéir sans discuter, même sans comprendre, à une autorité qui ne relevait pas de ses subordonnés.

S'il y eut d'abord quelques stratèges de cabarets, de journaux et de couloirs qui prétendirent discuter les plans du généralissime, ils ne tardèrent point à s'apercevoir que ce n'était pas l'heure des bavardages.

C'est que la force du nombre n'est pas dans la direction, dans le conseil, ni même dans le choix de ses chefs : elle est dans l'obéissance qui assure la convergence des efforts et dans la consécration qui règle la direction.

Si les efforts ne convergent pas, ils s'annihilent ; si la direction n'est pas réglée, elle s'exerce pour elle-même, sans but, et s'use rapidement.

Il y a plus de deux mille ans, l'empereur chinois Wen-ti, l'énonçait sagement : « J'ai toujours entendu dire que le Ciel donne aux peuples qu'il produit des supérieurs pour les nourrir et les gouverner. Quand ces supérieurs, maitres des autres hommes, sont sans vertu et gouvernent mal, le Ciel, pour les faire rentrer dans leur devoir, leur envoie des calamités ou les en menace. »

C'est pour le nombre qu'il faut gouverner, non par lui. La souveraineté du nombre est la plus pernicieuse chimère qui soit.

« Si nous connaissions les meilleurs d'entre nous, dit Carlyle, l'ère des révolutions serait à jamais fermée; malheureusement, nous n'avons aucune méthode pour les découvrir. »

Les révolutions tiennent à autre chose qu'aux vices des gouvernants. Ce n'est point Louis XV qui est guillotiné, c'est Louis XVI.

La plus sûre méthode pour découvrir les meilleurs, ce n'est pas de les chercher, c'est de les faire; ce n'est point de remplacer celui-ci par celui-là, c'est de permettre à celui qui détient un pouvoir de faire tout le bien qu'il peut et l'empêcher de faire le mal évitable.

Le personnel importe peu. L'ordre de puissance est une chose, l'ordre de mérite en est une autre. C'est le système actuel qui fait le désordre, et qu'il faut changer.

Voyez nos chefs militaires. A tout prendre, ils n'étaient pas des hommes extraordinaires.

Quelques-uns, surtout au début, devaient leur grade à la médiocrité de caractère qui rassurait la politiquerie, à la brigue plus qu'à leur valeur propre. Mais ils se sont trouvés là. Ils n'étaient pas dans le système absurde qui fait dépendre le supérieur de l'inférieur.

Les hommes, quand ils peuvent donner toute leur mesure, ne manquent jamais aux circonstances.

II. — Du meilleur gouvernement.

Avec un sens politique dont nous devons regretter qu'il n'ait pu s'exercer avec plus d'ampleur dans la métropole, le général Lyautey répondit un jour à ceux qui le louaient de l'œuvre qu'il a su accomplir au Maroc :

« Pour ce qui est des témoignages élogieux que vous avez bien voulu m'exprimer, je les accepte, parce qu'ils ne s'adressent pas à ma personne, mais à des principes. S'il a été réalisé une œuvre utile au Maroc depuis trois ans, ce n'est pas parce qu'il avait à sa tête le général Lyautey, mais parce qu'il avait un chef, et un seul, et que ce chef est le même depuis trois ans, c'est parce qu'ainsi ce pays a bénéficié de l'unité de vues et de la suite dans l'action.

« Je me souviens d'avoir lu dans les récits d'un voyageur, que ses navigations avaient, entre 1830 et 1850, porté cinq ou six fois à Terre-Neuve et à Saint-Pierre-et-Miquelon, les deux colonies anglaises et françaises voisines, ce qui suit : « A mes voyages, j'ai tou-
« jours trouvé à Terre-Neuve un gouverneur
« anglais qui était un homme très médiocre,
« et à Saint-Pierre-et-Miquelon un gouver-
« neur français de valeur supérieure. Cepen-
« dant, à chacun de mes voyages, je consta-
« tais des progrès notoires à Terre-Neuve et
« la stagnation et l'inertie à Saint-Pierre.
« C'est que le gouverneur anglais médiocre
« était toujours le même, tandis que le gou-
« verneur français de valeur supérieure était
« toujours différent. »

« Soyez sûrs que je me suis rendu compte mieux que personne des tâtonnements par lesquels nous avons passé ici, des erreurs ou des fautes qu'a pu commettre mon administration ; mais, les reconnaissant, je me suis efforcé et je m'efforce chaque jour de les corriger et je puis tirer de mon expérience tout son profit. Si plusieurs s'étaient succédé dans le même temps, ils auraient vraisemblablement corrigé mes erreurs, mais ils y auraient ajouté les leurs.

« Un autre que le général Lyautey eût tout aussi bien ou mieux fait ici, pourvu que, comme à moi, on lui eût laissé le temps et l'autorité.

« Ce n'est donc pas à moi que s'adresse votre approbation, mais aux principes éternels et féconds : la suite, la stabilité, l'unité de commandement. »

Mais l'électif et le parlementaire sont essentiellement instables. La discussion, la compétition ruinent la confiance la mieux assise, la plus justifiée. Un étranger, dont le subconscient n'inhibe pas les plus extravagantes impulsions — un Trotzky, par exemple, — passe dans un pays comme un cyclone. Son œuvre de dévastation accomplie, il disparait.

C'est pourquoi la démagogie a toujours l'appui occulte de l'étranger.

Donc : un régime quelconque, mais qui dure. Un pouvoir aussi étendu qu'il puisse être, mais personnel.

III. — Les dangers de l'instabilité.

A la veille de la guerre un écrivain clairvoyant, Cyrnos, faisait remarquer l'ineptie périlleuse de notre système parlementaire :

« La France, dès 1905, était aux prises avec l'Allemagne au sujet du Maroc, et les difficultés ont acquis, à la fin de 1911, un tel degré d'acuité que la guerre a paru imminente. Eh bien ! de 1905 à la date actuelle, c'est-à-dire dans la courte période de neuf années, les parlementaires ont usé onze cabinets, de chacun douze à quinze ou seize ministres ou sous-ministres. Le douzième est le cabinet Doumergue, venu au monde le 9 décembre 1913. Seize parlementaires le composent, parmi lesquels on compte dix avocats. Le département des Affaires étrangères y est occupé par un ancien juge de paix, celui de la Guerre par un avocat et celui de la Marine par un négociant en cognacs.

« Il serait surprenant qu'avec une telle instabilité, dont aucun autre peuple, dans aucune autre partie du monde, fût-ce même dans les républiques du Centre et du Sud-Amérique, n'apporte un deuxième exemple, la France ait pu avoir une politique extérieure bien conduite, des finances bien administrées, une armée et une marine puissantes, une politique intérieure sage et pouvant contenir les éléments de désordre. »

Avant Agadir, au moment des pourparlers sur les chemins de fer marocains, c'est M. S. Pichon qui est ministre. Au moment où il est près d'aboutir, on lui substitue

M. Cruppi. Malgré M. Cambon, tout est remis en question. L'Allemagne en profite pour se montrer plus exigeante. C'est alors, le 1er juillet, Agadir, avec un autre ministre, M. de Selves.

Si la Belgique n'avait pas eu un chef, elle n'eût pas résisté aux barbares. La somme des intérêts immédiats et particuliers des citoyens belges se fût élevée contre l'intérêt général et l'honneur. En tout cas, discutant, elle ne se fût pas décidée à temps.

IV. — Les lois de la physique sociale.

On dira — à tout le moins ceux qui profitent des discordes intestines qu'ils provoquent et entretiennent — que la guerre est un état anormal qui demande un traitement spécial et que le militaire n'est pas le civil.

Les lois sociales s'appliquent dans une caserne comme dans un syndicat, sur le champ de bataille comme à l'atelier. Seulement, à la guerre, l'épreuve est immédiate, plus brutale, et l'on est plus disposé à en tenir compte.

Au reste, dans la Cité organisée, chacun serait militant, chacun serait fonctionnaire.

Est-ce que toute fois qu'il faut vivre, agir, il n'y a pas à lutter? est-ce que, constamment, il n'y a pas à assurer le concours des citoyens, à faire converger leurs efforts? Vivre, pour un organisme, c'est résister à la mort. Vivre, pour une société, c'est réagir contre les éléments de perturbation.

Dans la famille, dans les entreprises privées, nul ne songe encore à recourir à la discussion, à l'élection, dont on sait d'instinct qu'elles entrainent la désagrégation et la ruine.

Les plus sots démagogues se gardent bien de l'introduire dans leurs petites affaires personnelles. Tel s'intronise « directeur » ou « rédacteur en chef » de son journal, par exemple, sans avoir appelé ses lecteurs à le désigner.

Pourtant, il n'y aurait qu'à se réjouir, si

les songe-creux appliquaient leurs fausses idéologies à leurs propres entreprises : une ruine immédiate leur remontrerait qu'ils sont des nigauds, et nous en serions débarrassés. Il s'en gardent bien. S'ils veulent faire marcher la société sur la tête, pour eux-mêmes ils préfèrent se tenir sur les pieds.

L'élection, c'est pour les places qu'occupent les autres. De même, le collectivisme, c'est pour les biens des autres. C'est leur façon d'être altruistes.

La société comprend toutes les activités utiles à l'ensemble, dans la guerre comme dans la paix.

Pour le temporel, elle est, à la fois, une famille qui nous tient par les liens du sang et de la sympathie, une armée qui maintient, une entreprise industrielle et commerciale qui entretient. Parce qu'elle embrasse toutes les activités, elle exige plus de cohésion.

Les erreurs sociales sont d'autant plus faciles et d'autant plus dangereuses que les conséquences en sont parfois lointaines et semblent s'atténuer en se répartissant sur un plus vaste champ.

Mais on a beau ne pas les vouloir envisager, par un lâche scepticisme ou une scélérate habileté, elles se produisent inéluctablement. Plus elles ont tardé, plus ces conséquences sont effroyables.

V. — Confusion du temporel et du spirituel.

Si le suffrage universel n'a pas encore complètement désagrégé la société française, c'est qu'il n'est et ne peut être universel, qu'il n'est et ne peut être exactement représentatif; qu'en définitive, la comptabilité est toujours truquée.

On peut compter les électeurs, heureusement on ne compte pas des espèces disparates, des volontés qui se contredisent. On n'additionne pas deux baudets, trois serins et un crapaud.

De par la magie de leur mathématique, les proportionnalistes nous assurent que « la majorité gouvernera, les minorités contrôleront ». Une masse ne saurait gouverner vraiment, et puisque, avec le système électif, il faut entendre par gouverner le *spolia victoribus*, profiter, mieux vaut que ce soit une minorité aussi réduite que possible qui s'attable, même si elle a les robustes appétits de la bande radicale-socialiste.

Ce que le nombre peut souhaiter de mieux, c'est d'être gouverné au lieu d'être exploité. Qu'il contrôle, voire qu'il consacre et qu'il sanctionne, — soit ; mais encore faut-il qu'il soit éclairé, organisé, dirigé.

Or le système électif aggravé par le parlementarisme exige que le nombre soit égaré, abêti, dissocié, livré à tous les instincts dissolvants, réduit à l'impuissance. Le politicien, le journaliste, le pédagogue s'y emploient de toutes manières.

Un des vices de ce système, c'est qu'il amène nécessairement, et de plus en plus, la confusion du temporel et du spirituel, en asservissant celui-ci à celui-là, ce qui est la pire servitude, le jacobinisme, — celui de la gueule, qui est le radicalisme, celui du ventre, qui est le socialisme, et celui de la poigne, qui est le césarisme. Ainsi, au sujet de l'enseignement, Napoléon pensait que « toute entreprise privée, par cela seul qu'elle existe et florit, est un groupe plus ou moins indépendant et dissident ».

« L'élection étendue à tout nous donne le gouvernement par les masses, écrira Balzac, le seul qui ne soit pas responsable et dont la tyrannie est sans bornes parce qu'elle s'appelle la loi. »

Sans bornes, — pas même l'instinct animal de la conservation physique.

« Un peuple a toujours le droit de changer ses lois, a dit J.-J. Rousseau, même les meilleures. Car s'il veut se faire du mal à lui-même, qu'est-ce qui a le droit de l'en empêcher ? »

C'est de la folie ; mais logique. La pire. Elle est incurable.

VI. — Les jacobins.

Nous voyons les jacobins à l'œuvre. Si ceux d'aujourd'hui ont moins d'audace, ils ont par contre plus d'appétits, et leur nombre s'est accru beaucoup, ce qui doit faire plaisir à M. Charles Benoist, sinon comme contribuable du moins comme proportionnaliste. Taine a dépeint ceux de la Révolution, Maurice Barrès a projeté « leurs figures » d'hier. L'âme n'a pas changé.

« Hier, dit Taine, le jacobin exagérait les droits des gouvernés jusqu'à supprimer tous ceux des gouvernants; demain, il va exagérer les droits des gouvernants jusqu'à supprimer tous ceux des gouvernés. A l'entendre, le peuple est l'unique souverain, et il traitera le peuple en esclave. A l'entendre, le gouvernement n'est qu'un valet, et il donne au gouvernement les prérogatives d'un sultan. Tout à l'heure, il dénonçait le moindre exercice de l'autorité publique comme un crime; à présent, il va punir comme un crime la moindre résistance à l'autorité publique. »

Le conventionnel Carnot ne jurait, paraît-il, que par « l'évangile de la gendarmerie ». Ces gens-là ne croyaient qu'à la force brute.

Quand il ne guillotine pas, le jacobin légifère. Il se croit tout permis puisqu'il a la loi pour lui, — celle qu'il a confectionnée dans ses clubs ou dans ses loges.

« Dans l'Europe chrétienne et féodale, a écrit M. J. Coquille, la loi c'était la coutume, autorité vivante traditionnelle, dont le respect se confondait avec l'amour que nous portons à nos parents, car les vieillards, les pères sont les organes de la coutume. Leur témoignage fait loi pour la constater et pour l'appliquer. Le respect des lois est le respect des aïeux. L'homme peut abroger les lois qu'il fait ; celles qu'il n'a pas faites, il ne peut que les violer. Le droit écrit varie perpétuellement, le régime des lois et ordonnances mène à l'instabilité, car la tentation de les changer est trop forte pour que le législateur n'y succombe pas. La coutume est la loi vivante et non décrétée d'un peuple, et comme elle est l'œuvre de tous, elle ne peut être abrogée que par tous; née de l'usage, elle périt par le non-usage... Par la coutume transmise de génération en génération, l'homme est son propre législateur, il ne subit que sa propre loi. »

VII. — Inflation budgétaire.

De par la loi écrite, la violence n'est plus la violence, le vol n'est plus le vol, l'assassinat n'est plus l'assassinat. « Les moralistes doivent savoir, avait dit un des précurseurs du jacobinisme, Helvétius, que, semblable au sculpteur qui, d'un tronc d'arbre, fait un dieu ou un banc, le législateur forme à son gré des héros, des génies et des gens vertueux. »

Et le pire, c'est que le jacobin en a persuadé tout le monde. Aussi les lois se multiplient. C'est trop aisé. On tranche de tous les problèmes politiques ou sociaux par la législation.

D'autant plus que la docilité inlassable du contribuable français peut donner au présomptueux législateur l'illusion qu'il a la faculté de faire de l'or.

Depuis le 1er janvier 1871 jusqu'en 1914, les contribuables avaient payé près de 150 milliards en s'endettant de 35 milliards, et ils ne s'inquiétaient pas. Leurs votes étaient de plus en plus radicaux-socialistes.

Mais les ouvriers prétendent, maintenant, être exonérés de l'impôt qu'ils voteront. C'est la ruine et la banqueroute à bref délai.

L'impôt, le budget, par eux-mêmes, peuvent signifier une meilleure organisation ou l'anarchie. C'est leur emploi qui importe.

Or, nous avons les plus lourdes charges et la plus défectueuse administration.

C'est que toute dépense publique est électorale. L'idéal de l'électeur, c'est le congiaire. Il y faut satisfaire.

Aussi, n'avons-nous pas un budget d'administration, mais une proie pour la politiquerie, pour la bande qui exploite le pays.

Chaque dépense utile diminue cette proie. C'est pourquoi le contribuable paiera toujours plus d'impôts et pourquoi les services publics seront de plus en plus mal administrés. Et cela durera tant que le contribuable sera électeur. Il vote, qu'il paie ! Le désordre est un luxe onéreux.

En France, jamais un budget n'est réduit. Les bénéficiaires se syndiquent toujours pour maintenir leurs « droits ». Le budget de l'année de paix 1919 reste celui de l'année de guerre, 44 milliards. On aura beaucoup de mal à le diminuer.

VIII. — **Pléthore légale.**

Depuis la Révolution, il a été fabriqué 250.000 lois, décrets et ordonnances. On en doit 10.500 au premier Empire, 35.000 à la Restauration, 37.000 à Louis-Philippe, 12.400 à l'éphémère République deuxième, 45.500 au second Empire, enfin 100.000 à la troisième République.

Cette surabondance de lois, l'accroissement monstrueux du budget tiennent au système même. Pour gagner des électeurs, il faut toujours satisfaire des intérêts personnels immédiats au détriment des intérêts sociaux plus lointains.

On centralise donc, on tend à absorber tous les services sociaux pour créer des places. Comme dans la Grèce démagogique, on s'en prend aux possessions, — ce qui ne veut pas dire à l'argent qui n'est que pour l'argent.

C'estle chemin détourné qui mène au communisme, indiqué par Montesquieu comme condition essentielle de la démocratie élective.

« L'élément coutumier, a dit J. Coquille, est entièrement effacé de la législation française, qui reste impérative, autocratique. La loi est alors la volonté du législateur. Nos vieilles coutumes étaient dans le cœur du peuple... Les lois écrites sur le papier ne sont écrites que là. Il s'agit moins de réformer les lois d'une société chrétienne que de les conserver. Le temps comble les lacunes, jette dans l'oubli ce qui doit périr et développe ce qui est destiné à vivre. Les mœurs et l'esprit public, qui ne sont jamais suppléés par la loi, suppléent à la loi. »

Aussi, moins il est solide, plus l'État veut être tout. Et il devient tout, en effet, là où il n'y a plus rien. Sa furie destructive n'a pas d'autre cause.

Avec l'anarchie morale qui s'affirme dès le xve siècle, nous voyons nos rois chercher à réduire les républiques françaises dont ils étaient les protecteurs naturels et parfois les fondateurs. C'est ainsi que Richelieu porte de rudes coups aux libertés. Puis, c'est Louis XIV qui ne veut pas qu'il y ait dans l'État « des pelotons à part » et qui édifie Versailles.

Le lit du jacobinisme est fait. Napoléon s'y installera.

Et voici ce qu'en pouvait dire Taine : « Toutes les masses du gros œuvre Code civil, université, concordat, administration préfectorale et centralisée, tous les détails de l'aménagement et de la distribution, concourent à un effet d'ensemble, qui est l'omnipotence de l'État, l'omniprésence du gouvernement, l'abolition de l'initiative locale et privée, la suppression de l'association volontaire et libre, la dispersion graduelle des petits groupes spontanés, l'interdiction préventive des longues œuvres héréditaires, l'extinction des sentiments par lesquels l'individu vit au delà de lui-même, dans le passé et dans l'avenir. On n'a jamais fait une plus belle caserne, plus symétrique et plus décorative d'aspect, plus satisfaisante pour la raison superficielle, plus acceptable pour le bon sens vulgaire, plus commode pour l'égoïsme borné, mieux tenue et plus propre, mieux arrangée pour discipliner les parties moyennes et basses de la nature humaine, pour étioler ou gâter les parties hautes de la nature humaine. Dans cette caserne philosophique, nous vivons depuis quatre-vingts ans. »

Et Renan : « La corruption administrative n'était pas le vol organisé, comme cela s'est vu à Naples, en Espagne, c'était l'incurie, la paresse, un laisser-aller universel, une complète indifférence pour la chose publique. Toute fonction était devenue une sinécure, un droit à une rente pour ne rien faire. Avec cela, tout le monde était inattaquable. Grâce à une loi sur la diffamation qui a l'air d'avoir été faite pour protéger les moins honorables des citoyens, grâce surtout à l'universel discrédit où la presse tomba par sa vénalité, une prime énorme était assurée à la médiocrité et à la malhonnêteté. Celui qui hasardait quelque critique devenait vite un être à part et bientôt un homme dangereux. On ne le persécutait pas, cela était bien inutile. Tout se perdait dans une mollesse générale, dans un manque complet d'attention et de précision. Quelques hommes d'esprit et de cœur, qui donnaient d'utiles conseils, étaient impuissants. L'impertinence vaniteuse de l'administration officielle, persuadée que l'Europe l'admirait et l'enviait, rendait toute observation inutile et toute réforme impossible. »

Ce tableau de l'administration publique d'avant 1870 n'est-il pas aussi celui d'avant 1914 ? Nous étions retombés dans les mêmes veuleries, nous suivions les mêmes errements. Nous n'avions donc rien retenu de la rude leçon de la défaite ! Tout se paie, — et très cher l'apathie morale, les actions déréglées et les faux raisonnements.

En 1790, Mirabeau écrivait au roi : « L'idée de ne former qu'une classe de citoyens aurait plu à Richelieu : cette surface égale facilite l'exercice du pouvoir. Plusieurs règnes d'un gouvernement absolu n'auraient pas fait autant que cette seule année de révolution pour l'autorité royale. »

En effet, la contrainte est des plus faciles à exercer sur une masse confuse. Aussi, les jacobins n'allaient pas tarder à abuser de ce qui était si facile. Il n'y eut pas de « section » qui ne s'octroyât plus de pouvoir que n'en eût jamais le plus puissant autocrate. Ce fut la Terreur.

La tendance naturelle des hommes et des chefs d'État est d'ainsi « faciliter l'exercice du pouvoir ». Pour résister à ces vicieuses tendances du temporel, il faut des organisations.

IX. — L'Étatisme.

Déjà, comme le rapportait M. de Harlay à la Supérieure de Port-Royal, Louis XIV ne voulait pas de ralliement, « un corps sans tête » étant « toujours dangereux dans un État » ; et Napoléon, après les saturnales révolutionnaires, institua la centralisation administrative dont la France se meurt.

Le journal *le Temps* fait l'apologie de l'unité administrative « pour tous les citoyens et toutes les régions ». Il préconise en fait le régime de la torpeur sociale, de l'effervescence politique, c'est-à-dire de la tyrannie jacobine par la discorde nationale. Quand toute coopération pour une action positive est interdite, les citoyens manifestent leur indépendance dans une guerre civile permanente pour une vaine agitation politique.

Il n'y a plus que l'individu en face de l'État. L'individu empêche l'État d'assurer le concours et l'État supprime l'indépendance de l'individu. Le gouvernement tend à devenir tout l'État, et l'État n'est plus que le gouvernement.

Coquille disait « qu'il n'est pas sage d'intervertir les rôles et de faire gouverner l'État par les particuliers, et les particuliers par l'État ».

Mais s'il n'y a que l'individu, tout le social se décompose, et donc l'individualité même qui en est une floraison. La continuité plus encore que la solidarité est rompue. Tout est remis en question à chaque décès. La famille, la patrie même se dissolvent. Il ne reste que ce qui ne peut être, ce qui passe, le monde n'est plus qu'une fantasmagorie.

« Le plus grand bonheur que la société

puisse procurer à l'homme, a dit de Bonald, est de le défendre contre les illusions de sa cupidité, les écarts de son imagination et l'inconstance de ses goûts. » Et Edmond Burke : « Un gouvernement est un effort de la sagesse humaine pour subvenir aux besoins humains. »

La famille a été dispersée, non seulement par les mesures directes comme la pulvérisation des patrimoines, le divorce etc., mais encore, en contre-coup, par tout ce que l'État entreprenait pour suppléer la famille affaiblie : éducation de l'enfant, soins aux malades et infirmes, secours aux malheureux, retraite aux vieillards, etc... Mais, par là, le mal s'aggravait. Un organe s'atrophie et dépérit quand il ne s'exerce plus.

Le gouvernement, qui parvient de moins en moins à remplir ses fonctions politiques essentielles, veut tout faire. Et plus il embrasse, plus mal il étreint.

Néanmoins, il tend à tout absorber. Ce n'est pas par excès de force, comme on pourrait croire. Au contraire. C'est parce qu'il est devenu impuissant à dominer les conflits d'intérêts particuliers, à régler les activités. Évidemment, un cimetière est plus facile à gouverner.

La guerre aura précipité cette régression qui a pour terme le bolchevisme.

III

L'ADMINISTRATION

I. — Incompétence.

C'est le règne de l'incompétence éloquente, ou, pis encore, la confusion des compétences : des techniciens intervenant dans la direction politique ou des théoriciens s'immisçant dans les spécialité pratiques.

A M. Lémery, venant d'être promu sous-secrétairé d'État à la marine marchande, un député pouvait dire (décembre 1917) qu'il ne connaissait rien de la question maritime.

M. J. Perchot, sénateur des Basses-Alpes, rapporteur de la Commission sur les marchés de projectiles, a demandé à ses collègues de voter le projet de résolution suivant :

« Le Sénat :

« Considérant que, malgré les avertissements de la Commission des finances, au cours de l'année 1915, et ceux de la Commission des marchés en juillet 1916, l'administration de la guerre a passé pendant deux ans et demi les marchés des fournitures courantes d'artillerie dans l'ignorance des prix de revient réels de fabrication ;

« Regrettant que, de ce fait, les prix d'achats unitaires consentis par elle comportent des majorations anormales dépassant fréquemment 100 °/₀ des prix de revient normaux ;

« Invite le gouvernement à réparer le préjudice causé au Trésor en demandant d'urgence au Parlement, si besoin est, les dispositions législatives nécessaires, notamment le vote d'une loi limitant les bénéfices des fournisseurs de l'État, analogue à celle qui se pratique en Angleterre (*Munition of War Act.*, 1591). »

Toutes les difficultés qui ont surgi à l'armistice marquent l'incurie de notre administration et de notre gouvernement. On a toujours remis de les surmonter à plus tard. C'est le système d'irresponsabilité qui y incline. Mais il vient un moment où l'on ne peut plus différer et où les difficultés accumulées vous écrasent. Ce moment parait venu.

Tous ces milliards qu'on a prodigués, parce qu'il n'en coûtait sur le moment que de faire imprimer, de signer, de tout concéder aux exigences les plus extravagantes, ont amené une subversion sociale. Les fortunes ont été déplacées, les rapports économiques bouleversés, la production arrêtée, la consommation accrue follement. Dès l'instant où il eût fallu se restreindre, et non par des décrets, ce fut un effroyable gaspillage.

Nonobstant, les tenants du système s'y agrippent désespérément et veulent en tirer pour eux et leur coterie tout ce qu'il leur peut donner. Le service du ravitaillement civil a été un scandale. Les menaces fiscales, un autre. La reconstitution des régions envahies, par exemple, a dépassé toutes les bornes de l'incohérence.

Un gouvernement qui ne peut même pas remplir ses fonctions élémentaires de police veut que tout soit fait par lui. Surtout lorsqu'il y a de grosses sommes à manipuler. On entrave toutes les initiatives. Mais, comme il n'y a pas de tête, l'État est livré à plusieurs bandes. Chacune veut sa part.

Pour présider à ce chaos, il y a eu, notamment pour la reconstitution des régions libérées, six ou sept services et directions, qui s'ignoraient ou se tiraient dans les jambes. Voyons-y un bien d'ailleurs; c'est peut-être ce qui les contenait les uns les autres et les empêchait de faire trop de mal.

II. — Inertie agitée.

Avant la guerre, c'était le principal rôle de notre bureaucratie. Elle l'a joué merveilleusement et elle a enrayé ainsi, par son inertie agitée, le développement de l'anarchie. Mais, depuis la guerre, il faut agir, et alors elle est devenue aussi funeste que la politiquerie, sinon plus.

Ce n'est pas qu'elle ne comporte un personnel, moralement et parfois intellectuellement, supérieur à l'espèce parlementaire; mais la sélection d'absence de caractère à laquelle elle est soumise pour son recrutement comme pour l'avancement, sa discipline spéciale, la solidarité professionnelle, ses ambitions et ses vanités en font le plus souvent un instrument criminel des plus gros forfaits contre la patrie.

Approchez-les. Vous retrouvez à peu près les mêmes commis des deux derniers siècles d'ancien régime. Et ces commis étaient les agents d'une administration que, vraiment, l'Europe nous enviait. Ce qui se tournait en vertu alors, de leur timidité, de leur respect de la forme minutieuse, de leur aboulie, se tourne aujourd'hui en vices.

Le mystère? — Ils avaient des chefs, un Sully, un Richelieu, un Mazarin, un Colbert, lesquels avaient eux-mêmes un maître: il n'y a plus, en haut, que le vide. Et ces fonctionnaires, propres à obéir, à exécuter fidèlement, doivent décider sans responsabilité, au gré de toutes les suggestions, de toutes les pressions dont ils sont l'objet et auxquelles ils sont bien incapables de résister. Et nous avons le résultat.

On accable M. Ubureau. Bien injustement. Ce n'est qu'une victime de Mme Anarchie et de ses deux filles Mlles Ploutocratie et Démagogie.

Sans doute, il pourrait se soustraire à leur tyrannie. Mais que voulez-vous ? Cet homme, tremblant de son ombre, est amoureux, et les trois mégères le nourrissent et lui permettent même, quand il a été bien sage, c'est-à-dire quand il s'est ingénié à couvrir leurs turpitudes, de détacher leurs jarretières pour en parer la boutonnière de sa redingote. Et il n'en faut pas plus, hélas ! pour obnubiler la conscience des petits hommes.

III. — Bureaucratie.

Dans la gigantesque tâche qu'il fallait accomplir, alors que toute organisation était à improviser, — ce qui est, au surplus, une décisive condamnation du régime, — il y avait des compétences, des intelligences, des énergies à utiliser. On s'en garda bien : cela eût froissé des amours-propres, dérangé des intérêts. Il y avait les « droits acquis » des fonctionnaires. Il y avait des camaraderies. Il y avait des syndicats. Il y avait une *maffia* internationale.

Tout l'effort du ministre de la Guerre fut de lutter contre le parlementarisme dissolvant, de tendre à la dictature. C'est un parlementaire, M. Henry Bérenger, qui l'écrivait en février 1915 : « M. Millerand a dû lutter jour et nuit contre deux obstacles moraux plus redoutables encore que toutes les difficultés matérielles : la routine administrative et le préjugé démagogique. » Mais, sans cette « routine » et ce « préjugé », que serait le parlementarisme ?

Dans les grandes œuvres de secours semi-officielles, il en fut de même. C'est pourquoi l'on pouvait y entrevoir trop souvent quelques louches figures de métèques, de professionnels de l'émeute ou d'aventuriers. Les préoccupations de parti n'étaient pas étrangères à ces œuvres. Et des partisans n'hésiteront jamais entre un honnête homme, dont le caractère effarouche ou gêne, et un aigrefin qui donne des gages au parti.

Car toute barrière se force, et non pas avec de la discrétion et des scrupules. Il en va là comme au jeu électoral : les meilleurs sont écartés qui ne se peuvent résoudre à d'insistantes sollicitations et à rivaliser de bassesse avec des coquins, même pour donner leur argent, leur temps et leur vie. Après quelques tentatives, ils se tiennent coi, et ce sont les charlatans et les flibustiers qui ont le pas sur eux. Vraiment, il serait candide d'admettre que ceux-ci y ont mis tant d'acharnement pour se dévouer bonnement.

Sans doute, il n'est pas d'organisation sans quelques lacunes. Ce serait une sottise d'un autre genre que d'avoir l'obsession du meilleur fonctionnaire. On provoquerait surtout les convoitises. Il est plus sage de se contenter d'un ministre médiocre que de le changer pour un qui se prétend supérieur. Celui-ci aurait bientôt un autre compétiteur. C'est la fonction qu'il faut régler.

La perfection n'est pas de l'homme, dont le destin est d'errer. Mais encore convient-il d'éviter le maximum de déchets, et le pire.

Le système électif ne pouvant instituer un gouvernement, on y supplée par des mécanismes. C'est donc l'automatisme légal qui désigne les fonctionnaires, qui détermine leur avancement et qui prescrit leur travail. Or, si ingénieux qu'il soit, un mécanisme est toujours inintelligent. Il est à tout le moins insuffisant. Mais le régime ne peut donner mieux. C'est son plus solide contrefort.

Si les plus effroyables cataclysmes n'ébranlent point ce bloc d'inertie du fonctionnarisme, c'est qu'il se justifie par son utilité relative. En temps de paix, c'est ce bloc qui mettait obstacle à l'anarchie. Les fantaisies, les extravagances électorales, les ignorances encyclopédiques des ministres éphémères s'y heurtaient heureusement et finissaient par se briser.

En outre, nos fonctionnaires ont certainement cette qualité positive : l'honnêteté. Elle est d'autant plus remarquable qu'elle se trouve en contact avec toutes les corruptions. Là aussi, les fonctionnaires font office de frein. En couvrant discrètement, sans y prendre part, les péculats et les concussions de tels politiciens, ils les limitent. Sans s'opposer ouvertement à l'anarchie et à ses conséquences, ils les circonscrivent. Ils soutiennent à la fois la maladie et le malade. Ils accordent ainsi un chétif caractère avec une certaine dignité personnelle.

Malheureusement, pour préparer la défense nationale, il fallait plus, et aussi pour résister à l'invasion.

Nous venons de l'apprendre. Mais à quel prix ?

IV. — Le gâchis.

Dans l'armée, la discipline fut maintenue, durant la guerre, par la ferme dictature militaire.

Dans le civil, il n'en fut pas de même. On ne demandait aux parlementaires, qui avaient tant à se faire pardonner, que de se taire. Mais le verbiage est leur raison d'être. Revenus à Paris en 1915, nos 900 tyranneaux se réunirent. S'étant réunis, ils conspirèrent le renversement du ministère, ils intriguèrent, ils firent des discours, ils nommèrent des commissions, ils entravèrent le travail des administrations.

Nos fonctionnaires ne sont pas gens à s'émouvoir pour si peu. Ils ont d'autres soucis. Ils savent bien qu'on n'attend d'eux qu'une nonchalance sceptique ou somnolente, si propice aux manœuvres électorales et aux trafics d'argent. « Surtout, pas de zèle », leur recommandait Talleyrand. « Pas d'affaires », se répètent-ils entre eux.

Moyennant quoi, les politiciens sont de bons patrons, qui ne permettent pas qu'on « lèse » des fonctionnaires aussi commodes, — même quand la nation est en péril. Au besoin, le Conseil d'État vient à la rescousse. Il tient en état le protocole de l'anarchie.

C'est qu'une place ne représente pas une fonction à remplir ; mais un traitement auquel on a droit avec tel diplôme, après tel concours, tant d'années de présence. De même, pour l'avancement. Aucun compte n'est tenu du service, qui n'est que le prétexte. Les diplômes, voire même les concours, souvent truqués comme les urnes électorales, sont de faibles barrières pour contenir les appétits budgétivores des électeurs ; mais ils confirment d'autant plus que, pour le fonctionnaire, la place est un « droit » sacré.

Et c'est l'apothéose de l'incompétence, — surtout morale. Alors, c'est parfois la place qui convient au fonctionnaire, mais rarement celui-ci à celle-là. Bien plus sûrement qu'au temps de Beaumarchais, c'est le danseur — ou l'ami cher de la danseuse — qui est promu calculateur. Une place obtenue ainsi n'est d'ailleurs qu'un marchepied pour s'élever à une autre, plus avantageuse. Le métier, ce n'est point de faire au mieux ce pourquoi l'on est payé, mais « d'avancer ».

Dans ces conditions, on conçoit que lorsqu'un de ces messieurs des bureaux consent à rendre quelque service au public, c'est pure bonté d'âme et quasiment de l'héroïsme. Ils nous le font assez sentir quand ça les prend. S'il en est qui s'excitent, ce n'est qu'à une paperasserie qui n'est utile qu'à eux-mêmes, pour les faire valoir, et qui met leur responsabilité à couvert. Au demeurant, ce sont les plus inquiétants.

Certes, la levée en masse ne serait pas

moins absurde dans le civil — et le suffrage universel l'atteste — que dans le militaire. Mais, s'il y a un choix à faire, — et qui ne peut être fait congrûment que par le supérieur, — il faut toujours un chef responsable. Ce chef, l'armée l'a eu ; non l'administration civile. Et les résultats se peuvent comparer.

Des deux côtés, ils furent ce qu'ils devaient être, ce que la politique positive indiquait : d'une part, la victoire inespérée ; de l'autre, le gâchis désespérant.

V. — L'administration subordonnée à la politiquerie.

La confusion des fonctions est toujours un désordre, une régression.

En devenant tout l'État, en absorbant toutes les activités particulières, — parce qu'il ne les peut coordonner, — le gouvernement provoque un gaspillage et un gâchis que la plus tyrannique contrainte ne parvient pas à atténuer.

Les faits surabondent. Il n'est pas un journal qui, chaque jour, n'en cite quelques-uns. Cela va du grotesque à l'odieux.

La Compagnie des chemins de fer de l'Ouest-État est un symbole, et là, pourtant, il n'y avait qu'à continuer. En six années, le déficit a été d'un milliard. Les arsenaux, l'arsenal de Roanne notamment, sont la gabegie systématisée.

D'où vient qu'un système aussi absurde, qui donne d'aussi piteux résultats, n'a pas contre lui toute la nation? — C'est un cas de l'anarchie spontanée.

Tous les intérêts particuliers sont ligués contre l'intérêt général. Sous le régime parlementaire, surtout avec le système électif, l'État ou les municipalités ne visent à s'emparer de toutes les fonctions sociales que pour y placer leurs fonctionnaires et satisfaire leurs clients. Il s'agit de faire partager par les vainqueurs des luttes électorales —

qui ne peuvent être que ceux dont relèvent les préfets — la dépouille des vaincus.

Notre parlementarisme électif pousse l'État à étendre ses attributions et à centraliser ce qu'il ne peut supprimer de vie sociale, et, naturellement, comme il est incompétent, comme l'organisation de ses entreprises est purement parasitique, il ne peut supporter aucune concurrence. C'est pourquoi il est conduit nécessairement à s'assurer le monopole. Et le monopole nécessite plus de monopole.

Et cela ira jusqu'au collectivisme.

Nous apprendrons alors qu'il n'est jamais d'aucun intérêt social de changer la nature des possessions ou de remplacer les titulaires des fonctions. Il est même dangereux, comme nous ne le voyons que trop aujourd'hui, d'exalter ainsi toutes les vaines ambitions personnelles et de cultiver l'envie démocratique. La politique positive nous prescrit seulement de surveiller, de contrôler, de sanctionner par le blâme ou l'approbation l'emploi des forces quelconques, notamment de la richesse et du gouvernement, afin d'en assurer le sage exercice.

S'il y avait encore une opinion publique, j'entends une opinion publique éclairée, dirigée, et organisée, et non les mouvements incohérents d'une foule amorphe, cette opinion publique ne supporterait pas la confusion intellectuelle et morale dont de telles théories peuvent surgir, non plus que la confusion politique et administrative qui peut en permettre la désastreuse réalisation.

IV

LEGISLATIF ET EXECUTIF

I. — Légistes et anarchistes.

A la vie sociale spontanée, libre, se substitue peu à peu un mécanisme légal qui fonctionne mal, se détraque, favorise, avec l'irresponsabilité des gouvernants, l'inertie et la fraude, d'autant plus qu'il se complique davantage.

« La société tombe par degrés dans la maladie qui est celle de toutes les époques de décadence, dit Leverdays, signalée depuis de longs siècles par Tacite, dans la pléthore légale. La société devient malade de la surabondance des lois. Il y en a tant et de tant d'espèces, et dictées par tant de circonstances qu'elles en arrivent à constituer un arsenal pour l'arbitraire, où il puise à sa fantaisie... Et qui les connaîtra vos lois ? Tout ce qu'on voudra pourra exciper d'un considérant et précédent légal. La légalité se nie elle-même. »

Les légistes sont bien les pères des protestants et des jacobins, c'est-à-dire des anarchistes. Déjà, au XIIe siècle, saint Bernard, dans une lettre au pape Eugène III et, plus tard, Roger Bacon dénoncent les cavillations des légistes. Mais leur réelle influence ne date que du XVe siècle.

Comines nous apprend que, « pour éviter la cautèle et la pillerie des advocats qui est si grande en ce royaume qu'il n'en est nulle autre semblable », Louis XI s'efforça de codifier le droit coutumier. Ici, ce grand politique se trompait. Les textes, si serrés qu'ils soient, prêtent bien plus à ergoter, c'est-à-dire à « la cautèle et à la pillerie » de la basoche, que les mœurs et les forces sociales.

S'il convient de faire exception pour les *Capitulaires* de Charlemagne et les *Établis-*

sements de saint Louis, c'est que ces chartes, comme le *Livre des métiers* d'Étienne Boileau, ne faisaient que fixer des mœurs et assurer des forces sociales nouvelles.

La surabondance des lois écrites n'est qu'une preuve d'anarchie.

« Plus on écrit, a dit J. de Maistre, et plus l'institution est faible. La raison en est claire : Les lois ne sont que des déclarations de droits, et les droits ne sont déclarés que lorsqu'ils sont attaqués, en sorte que la multiplicité des lois constitutionnelles écrites ne prouve que la multiplicité des chocs et le danger d'une destruction. Voilà pourquoi l'institution la plus vigoureuse de l'antiquité profane fut celle de Lacédémone, où l'on n'écrivait rien. »

Voilà pourquoi aussi le parlementarisme ne va qu'avec une légifération à outrance, pourquoi enfin les anciens révolutionnaires sont volontiers d'infatués légistes.

La loi sur le divorce d'Alfred Naquet a été certainement plus destructive que les incendies et les barricades de la Commune. Que sont les misérables exploits des anarchistes de « la bande tragique » à côté des dols, des pirateries et des violences qu'a permis la loi sur les Congrégations ?

Comme on l'a dit du césarisme, la légifération est une réaction instinctive contre les effets de l'anarchie, — non contre ses causes et elle-même.

Mais au lendemain de la bourrasque révolutionnaire, il en faut bien convenir, on n'avait pas le choix. De là, après l'échec des légistes dantoniens, Bonaparte, Portalis et leurs Codes.

Ce fut un moindre mal, mais cela ne remplaçait pas les institutions détruites, les mœurs dissoutes, les forces sociales abolies, la continuité rompue. On n'avait qu'un répit pour se reprendre et reconstruire.

L'irréligion, athée ou spiritualiste, voire même théologique, le parlementarisme, l'argent individualiste s'opposèrent à toute restauration. Ils se coalisèrent pour maintenir, au moral, au politique et au social, l'effroyable désordre dans lequel ils prospéraient. C'est l'histoire du XIXe siècle.

II. — La législation contre les institutions.

On légiféra donc de plus en plus. « Quand l'ignorance est au sein des sociétés et le désordre dans les esprits, peut-on lire dans la préface du *Répertoire* de Dalloz, les lois deviennent nombreuses. Les hommes attendent tout de la législation, et chaque loi nouvelle étant un nouveau mécompte, ils sont portés à lui demander sans cesse ce qui ne peut venir que d'eux-mêmes, de leur éducation, de l'état de leurs mœurs. »

Et ils le demandent d'autant plus qu'avec le système électif ils l'obtiennent plus facilement. Que dis-je? Des journalistes, des candidats, des élus s'évertuent à proposer des « réformes » mirifiques que le peuple n'eût jamais songé à réclamer.

A l'heure présente, si nul n'est censé ignorer aucune loi, nul aussi ne se peut flatter de les connaître toutes, encore moins de les interpréter congrûment. Et c'est là une riche matière pour les fripons. Combien Louis XI était naïf!

Ainsi, les lois écrites — qui sont au mieux un expédient, un mécanisme nécessairement défectueux, puisqu'il ne peut s'adapter à tous les mouvements de la vie sociale — ne sauraient suppléer les mœurs et les institutions, muscles, sang et nerfs d'une société vivante. Elles contribuent même à ruiner ce qui en subsiste encore : après la province et la corporation, l'Église, la patrie et la famille.

Et nous en sommes là.

Isolé, passant, pauvre, n'étant plus encadré par aucune institution, appuyé par aucune solidarité durable de région ou de profession, ni même par une opinion publique dirigée et réglée, il est bien vrai que le simple honnête homme devait être, dans l'universelle dissociation, bafoué, vexé, brimé, exploité, écrasé de toutes façons, par toutes les ruses, les fourberies et les brutalités. Il importait de le protéger.

Le législateur s'y employa parfois avec autant de bonne volonté que d'ignorance des conditions de la vie sociale. C'est de bonne foi qu'il s'étonnait quand ces mesures protectrices favorisaient au contraire les entreprises des coquins. Il se gardait bien, d'ailleurs, de les modifier efficacement. Trop de gens, et qui sont électeurs, vivent du gâchis et bénéficient immédiatement d'une aggravation de désordre.

III. — Le moyen pris pour fin.

De Bonald avait bien montré l'absurdité de cet étatisme forcené : « Si jamais il prenait envie à des législateurs de déterminer avec précision le pouvoir et le devoir des pères et des enfants, des maris et des femmes, des maîtres et des serviteurs, la société de famille serait impossible. On a beau faire, il faut, dans un État comme dans une famille, un pouvoir discrétionnaire, ou bientôt la société tout entière, chefs et subalternes, ne sera qu'un troupeau d'automates. »

Automates, nous le sommes maintenant, sans savoir ce que nous faisons et pourquoi nous le faisons. La loi est intervenue même dans la forte constitution de la famille, et, comme l'avait prévu de Bonald, pour la désorganiser. Et les femmes qui en souffrent le plus parviennent à se convaincre que leur malheur, la servitude économique, la prostitution plus ou moins déguisée sont une émancipation glorieuse.

M. Jules Roche a pu écrire :

« C'est ainsi enfin que les lois constitutionnelles furent ce qu'elles sont : uniquement un Code de procédure parlementaire organisant un gouvernement appelé « République », mais dépouillé de tout élément constitutif d'une République, c'est-à-dire de toute garantie des droits et des libertés nécessaires du citoyen dans le domaine individuel, de toute condition du pouvoir rationnel de l'État dans le domaine national, en un mot, établissant purement et simplement le pouvoir absolu d'élus irresponsables, c'est-à-dire un système politique sans précédent dans l'histoire, sans nom dans la langue du droit, fatalement générateur d'anarchie, de despotisme et de ruine.

« Pour avoir cru que le législateur peut ce qu'il veut, que les institutions qu'il décrète ne produisent pas des effets indépendants de sa volonté, ne sont pas soumises à des lois non écrites, plus puissantes que celles gravées sur le bronze, les auteurs des lois de 1875 se trompèrent donc gravement; les républicains, voulant faire la République, préparent la tyrannie collective; les conservateurs, voulant sauvegarder l'ordre social et l'ordre public, préparent l'anarchie et la révolution. »

Dès 1880, Pierre Laffitte avait mieux encore montré cette grossière illusion démocratique :

« Qu'elle émane d'un grand ou d'un petit nombre d'individus, la décision législative n'en est pas moins toujours un acte volontaire; l'arbitraire ne cesse qu'autant que la décision législative justifie sa légitimité par sa subordination envers l'ordre naturel. »

Avec la surenchère démagogique, c'est ce qu'elle fait de moins en moins. Mais Pierre Laffitte poursuit :

« ... Il est illusoire de vouloir supprimer les décisions de la volonté individuelle des chefs dans le gouvernement des sociétés, comme il est irrationnel de penser que ces décisions sont, au fond, d'une autre nature que les règlements ou décisions législatives. Il faut les conserver comme une condition nécessaire de toute vie sociale. Il y a plus : à mesure que l'état positif grandira, l'intervention résultant des volontés individuelles augmentera, et celle qui résulte des décisions législatives ira en diminuant. Mais il faut pour cela une condition capitale: c'est que la décision émane toujours d'un individu nettement déterminé et ayant, dès lors, une responsabilité réelle, soit matérielle, soit morale, qu'on peut toujours invoquer et appliquer. »

Et donc : dictature.

La chose publique n'est pas le gouvernement. Celui-ci n'est qu'un moyen pour servir celle-là. Le suffrage universel en fait une fin. Voilà l'erreur fondamentale du système.

IV. — La présidence.

Dans cette superstition stupide que la loi peut tout, on ne se préoccupe même plus de l'exécution.

La séparation du législatif et de l'exécutif est d'ailleurs ce qu'il y a de plus extravagant dans notre conduite politique où sont confondus temporel et spirituel.

Essayons d'imaginer deux hommes, dont l'un assumerait de décider les mouvements que l'autre devrait exécuter. Évidemment, le premier n'aurait à tenir compte d'aucune condition physique, et il déciderait les acrobaties les plus périlleuses. L'exécutant ne pourrait pourtant pas accomplir ce qui lui est impossible ; mais, après s'être cassé bras et jambes, impuissant dorénavant à faire les mouvements les plus simples qui sont indispensables pour l'entretien de la vie, il se laisserait mourir.

On a proposé d'étendre les pouvoirs de l'exécutif, à la manière des États-Unis, et notamment de faire nommer le Président directement par le peuple.

La politique positive ne saurait nous révéler qu'un mode d'élection du Président de la République puisse être préférable à un autre. Elle condamme tout système électif, en considérant le choix des supérieurs par les inférieurs comme radicalement absurde et anarchique.

Il importe peu de modifier les pouvoirs présidentiels, sinon pour les restreindre. Un élu à temps dépend nécessairement de ses électeurs, et il ne se maintient — comme il a été promu — que par la corruption pour se faire des partisans et par la tyrannie pour écraser ses adversaires. C'est tout le jacobinisme.

Les choses étant ainsi, et tant que la France le pourra supporter, le mieux est que le Président soit ce qu'ont été heureusement tous ceux de notre République troisième : sans volonté ou de médiocre intelligence. A l'occasion d'une élection de ce genre, Clemenceau s'écria un jour : « Je vote pour le plus bête. » C'était le mieux.

Auguste Comte, qui est le maître incontestable de la politique positive, a écrit : « La division métaphysique entre la puissance exécutive et la puissance législative ne constitue qu'un vicieux reflet empirique de la grande séparation ébauchée au moyen âge entre les deux éléments nécessaires (temporel et spirituel) du gouvernement humain... La véritable liberté exige aujourd'hui l'énergique prépondérance d'un pouvoir central vraiment progressif, convenablement réduit à sa destination pratique, par une sage renonciation à la suprématie spirituelle. »

Nous connaissons donc les conditions actuelles d'un véritable gouvernement : indépendance, continuité, concentration, responsabilité. C'est-à-dire dictature. Mais une dictature ne s'exerçant que sur le temporel, et contenue, réglée par le pouvoir spirituel. Pour les positivistes, l'importance du pouvoir spirituel doit croître à mesure que diminuera celle du pouvoir temporel, car on ne contraint qu'autant qu'on ne peut persuader. Le principal propos de la religion de l'Humanité — comme de toute religion — est de rendre les hommes de plus en plus sensibles aux commandements de la raison et aux suggestions du cœur. « Les peuples, a dit de Bonald, se gouvernent par des exemples plutôt que par des lois, et par des influences plus que par des injonctions. »

V. — Hérédité sociocratique.

La métaphysique révolutionnaire a tellement troublé l'entendement des Français que beaucoup d'entre eux ne conçoivent plus d'autre moyen de désignation que l'élection. Il y a pourtant l'hérédité. Durant des siècles, le principe dynastique nous a assuré un ordre suffisant. Mais, comme tous les absolutismes, l'hérédité physiologique a ses dangers. Il serait donc préférable d'avoir recours à la relativiste hérédité sociocratique, c'est-à-dire à la désignation publique, par le titulaire d'une direction sociale quelconque, de son successeur.

M. Henri Mazel l'a fort bien observé : « L'empire romain a duré pendant quatre siècles, de façon parfois fort brillante, grâce à l'adoption qui correspondait à ce que nos positivistes appellent l'hérédité sociocratique. L'hérédité du sang, pendant ces quatre siècles, n'a donné que des fous ou des sots : Caligula, Néron, Domitien, Commode, Caracalla; je sais bien qu'il y a eu Titus, mais Titus n'a gouverné que dix-huit mois, et j'ai l'intime conviction qu'il aurait dû assez vite, prodigue comme il l'était, recourir aux procédés fiscaux de son frère Domitien, grand dépensier aussi (car, c'est à noter, les Césars n'ont jamais condamné les gens que pour alimenter le Trésor, comme avant eux les triumvirs et les proconsuls). Au contraire, quels choix remarquables a fait l'adoption : Tibère, Trajan, Adrien, Antonin, Marc-Aurèle, les Illyriens ! Et comme il est regrettable que notre César à nous n'ait pas suivi cet exemple, et, laissant de côté sa famélique famille Corse, ne se soit pas adjoint un héritier adoptif, Eugène de Beauharnais par exemple ! »

VI. — Tyrannie par en bas.

« Il n'y a pas de pouvoir plus terrible, a dit Haller, que celui qui peut exécuter les plus exécrables forfaits avec la volonté de tous ou en les colorant de la volonté de tous. Les forces d'une corporation (surtout celles des mandataires de la foule), employées sans règle et sans frein ou tournées contre le sens même de la société, deviennent plus formidables que tous les autres. Les droits naturels et acquis sont alors foulés aux pieds avec plus d'impudence encore que par des tyrans individuels, parce que les passions ne sont jamais plus violentes qu'entre égaux, et que chacun se cache parmi la foule des complices et se soustrait par conséquent à la crainte même de la honte et de la responsabilité morale. »

Par l'extension de son corollaire essentiel, la suprématie du nombre, — chaque vivant comptant pour un également, l'ensemble continu ne comptant plus, — le système électif généralisé constitue pour la société un état de délire chronique.

L'organe directeur n'est plus limité, puisqu'il ne se subordonne plus à aucune condition sociale, et il est dépendant. A l'état sain, c'est le contraire. Le pouvoir politique est nécessairement indépendant, mais extrêmement limité par les institutions, les traditions, les mœurs, les opinions unifiées, coordonnées par le pouvoir moral.

« Lorsque vous érigez le peuple en pouvoir, dit de Bonald, vous ne lui donnez pas un pouvoir absolu, puisqu'il est dépendant de tous les ambitieux, et le jouet de tous les intrigants, vous lui conférez nécessairement un pouvoir arbitraire, c'est-à-dire un pouvoir indépendant de toutes les lois, même de celles qu'il se donne à lui-même. »

Quand elles ne sont plus réglées, ce ne sont pas les opinions fondées qui gouvernent, mais les caprices, les passions habilement déchaînées, les intérêts spéciaux et momentanés, — et contre les conditions mêmes de l'ordre politique et de la vie sociale, les véritables lois, celles qui ne s'écrivent point.

Car les lois ne sauraient être le fait d'une volonté plus ou moins nombreuse ou plus ou moins consciente. Elles sont, et elles ne permettent que la volonté du fait.

« La forme politique et sociale, dans laquelle un peuple peut entrer et rester n'est pas livrée à son arbitraire, dit Taine, mais déterminée par son caractère et son passé. »

VII. — « Chacun son pape, chacun son empereur. »

Alors que le plus grand politique et le plus indépendant a besoin d'être limité dans ses pouvoirs et contenu par des puissances morales, on invite le peuple à faire connaître ses volontés. Et il n'en a pas, ou plutôt il les ignore. Il ne connaît que ses désirs immédiats, il ne manifeste que ses instincts.

Rien de plus monstrueusement insensé que cette expression d'un métaphysicien juriste, Émile Accolas : « Chacun son pape, chacun son empereur » ; mais c'est bien la formule de la souveraineté du peuple.

Être vraiment pape ou empereur, à l'exclusion l'un de l'autre et dans certaines limites, n'est donné qu'aux plus grands parmi les hommes. Eussent-ils eu plus que du génie, dès qu'un pape a voulu être empereur ou qu'un empereur a prétendu être pape, ils ont toujours trahi l'un pour l'autre. Autant revenir à l'antique théocratie, qui atrophiait la personnalité, mais qui sauvegardait la socialité.

Pape et empereur à la fois, mais d'un jour, l'électeur ne peut que consacrer le gâchis qui favorise l'exploitation et la tyrannie jacobines.

« Le principe de l'élection appliqué à tout, dit Paul Bourget, est antiphysique. Il aboutit à la mise au pillage du pays par chaque génération qui, se considérant non plus comme usufruitière mais comme propriétaire, pratique le *jus utendi et abutendi*, sans remords et sans intelligence. Hélas! où le suffrage universel, cet organe par excellence de l'élection appliquée à tout, prendrait-il de l'intelligence? « La vieille alchimie, a dit l'Anglais Lecky, « n'a jamais eu rien de plus irrationnel que « l'idée de transmuer l'ignorance de plus en « plus profonde du corps électoral dans une

« aptitude de plus en plus haute du corps « représentatif. »

Et ainsi, le « peuple souverain » oscille entre une inertie morale qui va jusqu'à la torpeur de la brute en digestion et une agitation d'autant plus fébrile qu'elle est sans base et sans but. Il vote ; mais il ne sait plus vouloir. L'opinion publique égarée se laisse mener par tous les charlatans qui l'étourdissent et reste indifférente devant les pires méfaits ou les plus belles œuvres.

Fustel de Coulanges l'a fortement exprimé : « Si l'on se représente tout un peuple s'occupant de politique, et, depuis le premier jusqu'au dernier, depuis le plus éclairé jusqu'au plus ignorant, depuis le plus intéressé au maintien de l'état de choses actuel jusqu'au plus intéressé à son renversement, possédé de la manie de discuter les affaires publiques et de mettre la main au gouvernement ; si l'on observe les effets que cette maladie produit dans l'existence de milliers d'êtres humains ; si l'on calcule le trouble qu'elle apporte dans chaque vie, les idées fausses qu'elle met dans une foule d'esprits, les sentiments pervers et les passions haineuses qu'elle met dans une foule d'âmes ; si l'on compte le temps enlevé au travail, les discussions, les pertes de force, la ruine des amitiés ou la création d'amitiés factices et d'affections qui ne sont que haineuses, les délations, la destruction de la loyauté, de la sécurité, de la politesse même, l'introduction du mauvais goût dans le langage, dans le style, dans l'art, la division irrémédiable de la société, la défiance, l'indiscipline, l'énervement et la faiblesse d'un peuple, les défaites qui en sont l'inévitable conséquence, la disparition du vrai patriotisme et même du vrai courage ; les fautes qu'il faut que chaque parti commette tour à tour à mesure qu'il arrive au pouvoir dans des conditions toujours les mêmes, les désastres dont il faut les payer : si l'on calcule tout cela, on ne peut manquer de dire que cette maladie est la plus funeste et la plus dangereuse épidémie qui puisse

8

s'abattre sur un peuple, qu'il n'y en a pas qui porte de plus cruelles atteintes à la vie privée et à la vie publique, à l'existence matérielle et à l'existence morale, à la conscience et à l'intelligence, et qu'en un mot, il n'y eut jamais de despotisme au monde qui pût faire autant de mal. »

C'est que celui-là est à la fois spirituel et temporel. Napoléon était dans le plus pur esprit jacobin quand il voulait faire des académies, du clergé une sorte de gendarmerie sacrée ; et de l'Université, une caserne.

Le « jobard de Sainte-Hélène » ayant passé comme un cataclysme, l'esprit jacobin est resté, et chaque électeur se croit sous ce rapport, comme on le lui dit sur tous les tons, à la fois pape et empereur.

VIII. — La peste.

Taine s'est demandé à qui, sous le monstrueux régime de l'élection, était livré ce formidable pouvoir spirituel et temporel, qui devient absolu, sans contrôle, sans frein et sans règle, dès lors qu'il est confondu :

« En théorie, à la communauté, c'est-à-dire à une foule où l'impulsion anonyme se substitue au jugement individuel, où l'action devient impersonnelle parce qu'elle est collective, où nul ne se sent responsable, où je roule emporté comme un grain de sable dans un tourbillon de poussière, où tous les attentats sont justifiés d'avance par la raison d'État ; en pratique, à la pluralité des voix comptées par tête, à une majorité qui, surexcitée par la lutte, abusera de sa victoire pour violenter la minorité dont je puis être, à une majorité provisoire qui, tôt ou tard, sera remplacée par une autre, en sorte que, si j'opprime aujourd'hui, je suis sûr d'être opprimé demain. Sans parler de la déplorable comédie qui tant de fois se joue autour du scrutin, ni des élections contraintes et faussées qui traduisent à rebours le sentiment public, ni du mensonge officiel par lequel juste en ce moment une poignée de fanatiques et de furieux qui ne représentent qu'eux-mêmes se prétendent les représentants de la nation, mesurez le degré de confiance que je puis avoir, même après des élections loyales, en des mandataires ainsi nommés. — Souvent j'ai voté pour le candidat battu, alors que je suis représenté par l'autre dont je n'ai pas voulu pour représentant. Quand j'ai voté pour l'élu, ordinairement c'est faute de mieux, et parce que son concurrent me semblait pire... Ses titres à ma confiance sont des moins authentiques et des plus légers ; rien ne m'atteste son honorabilité, ni sa compétence ; sur des certificats aussi nuls que les siens, j'hésiterais à prendre un domestique. D'autant plus que la classe où presque toujours je suis obligé de le prendre est celle des politiciens, — classe suspecte, surtout en pays de suffrage universel ; car elle ne s'y recrute point parmi les hommes les plus indépendants, les plus capables et les plus honnêtes; mais parmi les intrigants bavards et les charlatans convaincus : ceux-ci, ayant échoué, faute de tenue, dans les carrières privées où l'on est surveillé trop exactement et jugé de trop près, se sont rejetés vers les voies où le manque de scrupule et de réserve est une force au lieu d'être une faiblesse ; devant leur indélicatesse et leur impudence, la carrière publique s'est ouverte à deux battants. »

Alors que la France était toute pantelante, Edmond de Goncourt, pouvait écrire, dans son *Journal*, le 11 juillet 1871 : « Quelle imprévoyance ! Quel ganachisme ! La société se meurt du suffrage universel. C'est, de l'aveu de tous, l'instrument fatal de sa ruine prochaine... Dire qu'au lendemain de l'entrée des Versaillais, on pouvait tout, on pouvait l'impossible, et l'on n'a pas touché à ce suffrage mortel. Ah ! ce Monsieur Thiers est, il me semble, un sauveur de société à bien courte échéance. Il s'imagine sauver la France actuelle avec du dilatoire, de la temporisation, de l'habileté, de la filouterie politique, de petits moyens pris sur la mesure de sa petite taille. Non, c'est avec l'audace des grandes mesures, avec un remaniement d'institutions, que la France, si elle ne doit pas mourir, pourra vivre. »

V

LE PARLEMENT

I. — Le contrôle parlementaire.

La faute de « demander au torrent de faire sa digue », suivant l'expression de de Bonald, s'aggrava de ce que cette digue devait être le parlementarisme.

Et pourtant, à l'origine, quoi de plus rationnel que le parlementarisme ?

Il est institué pour contrôler les dépenses publiques. Mais, bientôt, il faut contrôler les contrôleurs, puis les contrôleurs de contrôleurs, puis d'autres ; pour mieux contrôler, il faut légiférer ; pour s'assurer que les lois sont appliquées, il faut intervenir dans le judiciaire, dans l'exécutif.

Désormais, la défiance de l'autorité et l'envie du pouvoir irresponsable vont tout gagner, tout pourrir, tout paralyser.

Les comités électoraux et leurs journaux, les partis vont s'appliquer à entretenir une anarchie qui leur est si profitable.

Par les seuls moyens spirituels, si l'on peut dire, un candidat ne supplante le député sortant qu'en le rendant suspect, un député ne devient ministre que s'il contribue à renverser le ministère en fonction par des moyens analogues. L'esprit public en est obscurci, avili, et de tragiques événements viennent de révéler aux moins clairvoyants ce qu'un système aussi absurde pouvait faire de l'administration d'un grand pays.

Quand le parlementarisme s'aggrave du suffrage universel, et il y est toujours amené, la corruption se généralise.

Les collusions du Parlement et de la finance multiplient les scandales. Depuis Panama, ils n'ont fait que croître. Pour rapporter les plus importants, plusieurs volumes seraient nécessaires. Ils sont à l'esprit de tous.

Notons seulement l'influence désastreuse qu'ils ont eue sur notre politique extérieure [1] avant la guerre, sur notre expansion économique et même la conduite de la guerre [2].

II. — Le Parlement et la Finance.

Le 3 septembre 1917, M. Manchez, rédacteur financier du *Temps* prenait ainsi la défense des sociétés de crédit [3] :

1. Par exemple, au Transvaal, au Maroc, en Turquie. En 1901, l'envoi d'une escadre à Mytilène pour recouvrer les douteuses créances Tubini-Lorando.

2. Par exemple, la spéculation sur les blés. *La Bataille syndicaliste* du 21 mai 1915 pouvait écrire : « Lors de la discussion à la Chambre sur le scandale de la spéculation sur les blés, après que le citoyen Lauche se fût écrié : « Tout le « monde sait qui a spéculé sur les blés. Le gouvernement « aurait pu poursuivre », le ministre du Commerce, M. Thomson déclara : « S'il y a des actes coupables, indiquez-les : le « gouvernement fera son devoir. »

« Le député Boret précisa en ces termes :

« Alors que les blés valaient 21 francs, M. Baumann, des « Moulins de Corbeil, les fournissait à 28 francs. Un autre « fournisseur, M. Louis Dreyfus, obtenait 29 francs pour des « blés valant 25 francs et menaçait de les livrer à l'étranger si « l'on n'acceptait pas le marché. »

Ce journal n'omettait que de rappeler que M. Louis Dreyfus, ami de Jaurès, était aussi un des commanditaires de *l'Humanité*.

3. Voir *L'Argent et la Richesse*. (Grasset éd.).

« Pour quelles raisons les sociétés de crédit se sont-elles refusées généralement à prendre en main la défense des intérêts généraux de leur immense clientèle ?

« Ces raisons ne sont pas nombreuses. Une seule ne suffit-elle pas pour tout expliquer ? L'esprit d'indépendance leur fait défaut.

« Elles se sont habituées peu à peu à subordonner leurs droits et leurs devoirs aux exigences des pouvoirs publics. Dans une certaine mesure et dans des circonstances déterminées, elles se considèrent comme de grandes administrations de fonctionnaires dont elles ne négligent pas, d'ailleurs, de réclamer les avantages et les privilèges.

« Elles ont été parfois et en quelque sorte le prolongement de l'administration fiscale. Certaines n'ont-elles pas collaboré à nombre de lois et règlements de cette nature, pendant que nous nous épuisions, dans l'intérêt de leur clientèle, à y faire échec ?

« Aussi prétendent-elles avoir une part, pour les membres de leur comité de direction et de leur haut personnel, dans les promotions honorifiques faites par le gouvernement.

« Ces candidatures sont assurément incompatibles avec tout esprit d'indépendance. Elles obligent aux transactions et aux faiblesses ; elles ouvrent la porte toute grande aux convoitises de la politique, appui indispensable pour l'obtention de ces faveurs.

« Les sociétés de crédit ont beaucoup souffert de ces échanges de services, et nous avons la conviction que les gens désintéressés, qui sont la majorité dans leurs conseils d'administration, souhaitent qu'il soit mis un terme, au plus tôt, à ces sortes de marchandages, inaugurés depuis de nombreuses années entre leur société et certains partis politiques. Ces marchandages ont été d'ailleurs encouragés, à moins qu'ils n'aient été suggérés par des intermédiaires qui n'ont pas uniquement eu pour but d'apaiser des conflits ou de préserver des crédits.

« Le mélange de la politique avec la finance

n'a rien produit de bien reluisant pour l'une ou pour l'autre. Au contraire, l'histoire de ces dernières années en a démontré tous les inconvénients. C'est une erreur de croire que la présence de certaines personnalités politiques dans leurs conseils illustre les sociétés de capitaux et ajoute à leur crédit. C'est le contraire, qui, généralement, est la vérité. Les affaires ne gagnent rien au contact de la politique ; elles en meurent bien souvent.

« Les sociétés qui, par des complicités d'origines étrangères, s'étaient un moment laissé pénétrer et dominer par des influences parlementaires, se sont peu à peu ressaisies sous la menace du discrédit et ont rejeté de leur sein les germes de décomposition qui y avaient été introduits.

« C'est une leçon qui devra porter ses fruits. Elle doit encourager les sociétés de capitaux à refuser l'entrée, dans leurs conseils d'administration, de tout élément non qualifié de provenance politique.

« Autres temps, autres mœurs. Autrefois,

les hommes d'affaires, les banquiers de haute marque allaient au Parlement et y apportaient, dans la discussion des problèmes économiques et financiers, les résultats de leur expérience. Aujourd'hui, les hommes d'affaires et de finance n'entrent plus au Parlement. Ce sont des parlementaires qui convoitent de siéger dans les conseils d'administration des sociétés auxquelles certains se contentent d'apporter, avec des influences suspectes, la vanité de leurs connaissances pratiques.

« Puis, après les parlementaires, se présentent de hauts fonctionnaires de l'administration à pourvoir de retraites.

« Tel ministre ou telle personnalité politique en vue a-t-il un haut fonctionnaire ou un grand électeur à caser pour reconnaître ses services ? La société de capitaux est sous la main ; c'est elle qui sera mise à contribution. La politique sollicite-t-elle jamais d'une entreprise privée de pareils sacrifices ? Non, les chefs de maisons particulières ont trop le souci de leur indépendance et de leurs intérêts pour s'adjoindre des non-valeurs, quelque honorables qu'elles soient.

« Au surplus, les sociétés de capitaux, et surtout les sociétés de crédit, ne sont pas exposées seulement aux sollicitations de la politique en faveur des personnes. La question des subsides est pour elles non moins obsédante et coûteuse. Combien cher leur fait-on payer la moindre autorisation nécessaire, notamment l'obtention de la cote officielle pour un emprunt d'État étranger ? Le prétexte ? Des élections à alimenter, des fonds secrets à compléter.

« Et à chaque émission de quelque importance, tel politicien n'a-t-il pas des obligations à remplir, des frais à engager, des œuvres à doter ? Cette rallonge à la publicité commerciale a été imaginée, avons-nous dit, autant par des intermédiaires intéressés que par les bénéficiaires eux-mêmes de ces subsides.

« Le rançonnement des sociétés de crédit

par la politique est intolérable. Il s'explique dans une certaine mesure, sans se justifier, par l'illusion d'une grosse fortune qui n'est, en somme, que la centralisation en quelques caisses et la réunion d'épargnes multiples.

« Les sociétés de crédit seraient les premières — nous en sommes convaincu — à applaudir à la suppression complète de ce pillage de leurs caisses.

« Chacun chez soi. Le rôle de représentant du peuple est assez beau en soi. Il doit suffire à celui qui l'ambitionne et l'assume. Son prestige moral souffre de la convoitise de satisfactions matérielles. Le député, le sénateur sont des mandataires ; ils ne doivent pas être des commerçants, nous voulons dire des trafiquants de leur mandat.

« Personne n'oblige à se faire élire député celui qui se reconnaît des besoins matériels dépassant le montant de l'indemnité parlementaire. Dans tous les cas, ce n'est pas pour faire ses affaires, mais pour gérer celles du pays, que les électeurs l'ont envoyé à la Chambre ou au Sénat. »

III. — Le congiaire.

Mais le procédé le plus commode, c'est encore de faire payer l'État. Le budget n'est plus qu'accessoirement d'administration. Il s'agit surtout de contenter le plus grand nombre d'électeurs. On multiplie les places. Taine a noté que l'extension monstrueuse du fonctionnarisme et partant de la dette publique date du jacobinisme triomphant.

Quand les gouvernants dépendent des gouvernés, ils n'obtiennent et ne tiennent le pouvoir qu'en l'exerçant à contresens. Entendons, en ne gouvernant pas, en profitant et en faisant profiter, en promettant toujours de concéder et en concédant de plus en plus aux désirs momentanés et particuliers des électeurs contre les besoins et les aspirations permanents et généraux de la nation.

A la Chambre, quelques semaines avant la

déclaration de guerre, M. Ribot, en faisant allusion aux difficultés extérieures, souleva ces protestations que le *Journal officiel* a relevées :

« — Quelles difficultés? cria-t-on à gauche. Il n'y en a pas.

« — On ne peut prononcer de telles paroles à la tribune, dit le général Pédoya.

« — Ne jouez pas de la panique, criait M. Marcel Sembat. Ceux qui prétendent défendre la France lui rendent un bien mauvais service en semant de pareilles inquiétudes. »

On comprend que des vues aussi claires qualifiaient tout particulièrement M. Pédoya pour être président de la Commission de l'armée pendant la guerre et M. Marcel Sembat pour être ministre de la Défense nationale.

Au vrai, plus encore qu'en 1870, la guerre était annoncée. Tanger date de 1905, et Agadir de 1911. C'est pour avoir du foin électoral que beaucoup de parlementeurs faisaient les bêtes. De toutes manières, depuis trois ans, nos ministres avaient été avertis. A tout le moins, par le rapport officiel et secret allemand dont le gouvernement eut communication en mars 1913; par M. Jules Cambon qui, en mai 1913, prévint son ministre que l'Allemagne attaquera brusquement dès qu'elle jugera le moment propice et que ce moment est proche ; par les propos que l'empereur Guillaume et de Moltke tinrent au roi Albert, en novembre 1913, et qu'une amicale indiscrétion nous firent connaître aussitôt.

Rien n'y fit. Nos députés restèrent tout occupés de leurs réélections et de renverser le ministère, et les ministres de défendre leurs portefeuilles et de « faire » les élections.

Dans *l'Humanité* du 6 avril 1915, on pouvait lire :

« La France a-t-elle besoin d'être sauvée ?

« Et de quel péril ?

« Du péril dont les hommes noirs la menacent par leur propagande tortueuse et souterraine.

« Nous n'en connaissons pas d'autres !... »

Nos ministres ressortissent d'un système

où la manipulation des élections a beaucoup plus d'importance que l'organisation de la défense nationale.

IV. — Sinistre incurie.

Aussi, rien n'était prêt le 2 août 1914. Ni les hommes ni le matériel. Pas même l'esprit et le cœur des dirigeants et des administrateurs. Et c'est fort heureux pour la France que, grâce à l'héroïsme des défenseurs de Liége, grâce à notre élan populaire, à la ferme volonté de nos chefs militaires, le flot des vandales ait été barré quelque temps et qu'on ait pu commencer à se préparer vers le 1er septembre.

Mais, déjà, la noble Belgique et une partie de la France étaient envahies, dévastées...

Que d'humiliations, de ruines, de souffrances, de deuils nous eussions évités si nous avions eu seulement plus de canons et plus de minutions. Nos forts n'étaient pas en état, notre artillerie lourde manquait ; les munilions, les usines et le personnel pour la fabrication faisaient défaut. Et le reste. C'étaient là des dépenses qui ne pouvaient que restreindre la part des sportules électorales. Les politiciens les avaient refusées.

Dans les dix dernières années, l'Allemagne avait dépensé pour son armement plus de 2 milliards. La France, pas même la moitié.

Du rapport Humbert, qui fut lu à la Chambre quelques jours avant la guerre et qui fut publié dans le *Journal officiel* quelques jours après, *l'Action française* relevait ces chiffres:

« On a dit, par exemple, qu'en 1900, pour le budget de 1901, le ministre des Finances avait pratiqué d'office une réduction de plus de 35 millions sur les 104.500.000 francs que demandait le ministre de la Guerre; que pour le budget de 1902, le chiffre demandé par les services dépassait 98 millions et qu'il fut réduit de 38 millions par le ministre de la Guerre, puis de 10 millions en plus de cette première réduction par le ministre des Finances. A partir de ce moment, a-t-on ajouté, les sommes demandées par les services sont devenues beaucoup plus faibles, parce que les directeurs du ministère avaient ordre de réduire au minimum leurs prévisions; mais ces prévisions déjà si réduites ont encore été fortement comprimées, soit par le ministre de la Guerre spontanément, soit d'après les indications impératives du ministre des Finances. En 1903, les services ne demandaient plus que 59 millions et on leur en accordait 36; en 1904, ils demandaient 61 millions et on ne leur en accordait que 30 ; en 1905, ils en demandaient 44 et on ne leur en accordait que 27. De 1905 à 1907, il est vrai, après la manifestation allemande de Tanger, plus de 230 millions sont dépensés hors budget ; mais, à partir de 1908 et jusqu'à l'époque des événements d'Agadir, les prévisions sont de nouveau diminuées ; les services réclament 88 millions et on ne leur en donne que 57. Pour 1909, ils sollicitent 98 millions et on ne leur en octroie que 66. Pour 1910, au lieu de 81 millions demandés, on n'en accorde que 69, et pour 1911, les 113 millions déclarés nécessaires sont ramenés à 86 millions. »

Autre exemple d'incurie criminelle. C'est un médecin principal en retraite, M. le Dr Morer, qui le notait dans un journal de province :

« Toutes les géographies de nos enfants signalent une ligne très forte, La Fère, Laon, Reims, et les atlas de nos gosses montrent ces villes entourées de forts. Or, qu'y a-t-il pour nous en réalité ? Rien. On nous a cependant dit que les Allemands utilisaient ces forts déclassés. Les voilà donc les forts de la ligne La Fère, Laon, Reims ; mais ils profitent aux Allemands, non à nous. « Déclassés » n'est qu'une mention sur un état ; pourquoi pas démolis ? C'est que, en admettant que tout cela soit vrai, il eût fallu de l'argent pour les démolir, et il en fallait pour tant d'autres choses que la guerre, et il y avait tant de virements sur ce pauvre budget de la guerre ! Si les forts avaient été occupés par nous, les Allemands n'auraient pu s'y arrêter ; s'ils avaient été démolis, ils ne se fussent pas arrêtés sur cette ligne peut-être et nous n'aurions pas à payer de vies humaines ce que nous n'avons pas voulu payer en argent. Et voilà l'histoire de la ligne forte La Fère, Laon, Reims ! »

V. — Impuissance délibérante.

Sourds aux avertissements, aveugles devant les signes les plus éclatants, les vagues journalistes ou avocats qui s'étaient succédé au pouvoir n'avaient rien prévu et donc n'avaient pourvu à rien. Ces ministres d'un jour, ayant à contenter leurs électeurs, leur parti et eux-mêmes, ne pouvaient, en outre, servir la France. L'affaire des politiciens est l'opposition des clans, la réélection, non point d'ordonner l'ensemble. Tout ce qui avait été fait par des militaires, des techniciens, voire même par quelques bureaux, l'avait été malgré eux, et souvent contre eux.

Si nous avons eu notre excellent 75, c'est

malgré nos parlementaires. Voici, semble-t-il, la plus émouvante condamnation du système. C'est dans *le Temps*, dans un article paru en février 1915, que nous la trouvons. Il s'agit de l'adoption du 75 et des dépenses qu'il fallut engager pour la fabrication :

« ... Mais on ne peut retarder davantage la régularisation d'une dépense qui atteint environ 30 millions. Pourtant ce serait folie de faire connaître publiquement ce qui a été réalisé déjà et ce qui reste à accomplir. Rien n'en doit paraître dans la demande de crédits. On ne peut songer à mettre dans la confidence les trente-trois membres de la Commission du budget et moins encore les neuf cents députés ou sénateurs. MM. Méline et Billot convoquent le président de la Commission du budget, M. Paul Delombre, et le rapporteur général, M. Camille Krantz. Ils savent à qui ils parlent. Sans crainte d'une indiscrétion, ils exposent l'œuvre commencée, l'œuvre à achever. Tous quatre sont immédiatement d'accord : il faut que l'existence du nouveau canon reste secrète. La sanction parlementaire est indispensable. Et néanmoins il importe d'éviter dans le cahier des crédits supplémentaires toute allusion à l'objet des dépenses à régulariser. MM. Paul Delombre et Camille Krantz associent sans hésiter leur responsabilité à celles des membres du gouvernement. A la Commission du budget d'abord, à la Chambre ensuite, la régularisation des dépenses engagées est présentée comme un simple virement d'un chapitre à un autre. Sans objection ni débat, les crédits étaient votés ; et la fabrication du 75 pouvait être continuée dans le mystère nécessaire. »

Le Temps se garde bien, au reste, d'en tirer la conclusion qui s'impose : à savoir que le Parlement est nuisible même dans la fonction essentielle qui semble le justifier le mieux, le contrôle budgétaire ; qu'on ne s'en défend, comme du suffrage universel, qu'en le jouant.

Il est vrai que, dans ce même numéro du

Temps, mais en un autre article, plus loin, le lecteur pouvait lire une citation de Roger Bacon : « Si Dieu avait réuni une Commission pour créer le monde, tout serait encore dans le chaos. » Ce qui fait penser que ce grave journal ne tient au parlementarisme que par amour du chaos.

VI. — Nos fautes.

Dans ce chaos, les services publics ne sont que ceux de MM. les parlementaires. Ils fonctionnent à faux.

Quiconque avait traversé l'Allemagne ou avait parcouru quelques journaux ou livres allemands savait quelles forces l'Allemagne allait lancer contre nous, et de quel côté. Seuls nos administrateurs et nos gouvernants l'ignoraient. Pour eux, tout fut une surprise. C'est par le désastre de Charleroi qu'ils apprirent qu'il est plus utile de connaître la quantité de soldats que l'ennemi va mettre en ligne que de supputer le nombre des électeurs radicaux-socialistes de la circonscription de Mamers.

Les services qui fonctionnèrent le mieux, tels que la mobilisation, la concentration, voire le ravitaillement, ce sont ceux qui, étant militarisés, échappaient le plus aux interventions parlementaires.

Les fautes, d'ailleurs, sont de tous et en tout. C'est qu'un régime politique, s'il ne crée pas, peut anéantir. Il répand le bien ou il propage le mal. Il peut exalter les meilleurs dispositions de l'homme ou ne favoriser que l'épanouissement des mauvaises. Il est le tonique des volontés ou leur toxique.

La guerre eût été abrégée de beaucoup, ses dévastations eussent donc été moindres, et ses carnages, si nous avions eu, avec des équipements, munitions et armements suffisants, plus de jeunes hommes, et plus vigoureux.

Or, sans le malthusisme, qui depuis un demi-siècle s'est propagé de la bourgeoisie au peuple, nous eussions été 55 millions de

Français au lieu de 39, contre les 65 millions d'Allemands, et nous aurions pu mettre en première ligne près d'un million d'hommes de plus. Et les masses allemandes n'eussent pas franchi nos frontières.

L'alcoolisme aussi nous a affaiblis. Mais le cabaret est une puissance électorale. On ne peut rien là contre. Toute grande réforme sociale, toute grande entreprise nationale sont interdites à un système de désordre comme l'électif si elles ne servent pas des haines, des ambitions et des intérêts. C'est contre le catholicisme que l'on fit l'instruction laïque et obligatoire, non pour l'éducation populaire ; c'est contre le cléricalisme qu'on sépara les Églises de l'État, non pour la liberté spirituelle ; c'est pour mieux tenir ou flatter les électeurs qu'on décida l'assistance aux vieillards et les retraites ouvrières, non par charité ; c'est afin de satisfaire les cupidités des brasseurs d'affaires que l'on poursuivit l'expansion coloniale et que l'on accorda quelques millions pour les armements de la guerre et de la marine, non par patriotisme ; c'est contre les riches que l'on a décidé l'impôt sur le revenu, non pour trouver des ressources budgétaires.

Parfois, il s'est trouvé que l'esprit de secte ou la rapacité des syndicats financiers se sont accordés avec l'existence nationale ; mais ce fut purement accidentel.

Le tsar avait pris la mesure de salut social qu'est la prohibition de la vente des boissons alcooliques, l'anarchie socialiste annula aussitôt cette importante réforme.

Et la France ne peut rien contre le cabaretier, électeur influent. Il faudrait un gouvernement, il n'y a que des politiciens qui dépendent des électeurs, et donc des distillateurs, des cabaretiers et des ivrognes.

VIII. — Les morts sauvent les vivants.

Reconnaissons-le franchement, ce sont nos fautes qui ont permis aux Allemands de nous faire tant de mal. Chacun a sa responsabilité,

— celui qui laisse faire le mal, non moins que celui qui le fait. Tel pacifiste bavard, tel démagogue rhéteur, tel fonctionnaire somnolent, tel bourgeois âpre au gain et jouisseur, tel ouvrier saboteur et riboteur, et tous les Ponce-Pilate, et d'autres, ont autant de part à la destruction de la cathédrale de Reims que les gros obus prussiens et la sauvagerie teutonne déchaînée. Tant de soldats tués, blessés, mutilés, tant de souffrances, tant de ruines et de misères, tout ce qui eût pu être évité ou atténué avec une préparation meilleure, une organisation sérieuse, c'est la rançon de nos erreurs. Ne nous plaignons pas, puisque nous pouvons nous relever encore. Félicitons-nous plutôt, puisque ce ne fut pas l'effondrement de la civilisation la plus haute, la mort de la race la plus noble...

Chance? Hasard? — Non pas. Comme le mal, le bien a ses racines.

Les Français perdaient peu à peu le sens de la vie sociale. C'est pourquoi, sans doute, ils affectaient de plus en plus de se dire socialistes. Ils s'étaient affranchis de toutes les autorités humaines ou divines et n'acceptaient que celles des choses. Ils ne se laissaient plus mouvoir que par leurs mesquineries d'argent, leurs concupiscences, de misérables chicanes et des phrases. Aussi, ces hommes libres divaguaient-ils avec volupté.

Comment ont-ils pu, cette fois, se reprendre si promptement devant le danger, se détourner sans hésiter de leurs plus chères folies, faire taire les funestes bavards et tenter la belle aventure de la gloire victorieuse ?

VI

LA DÉMAGOGIE

I. — Socialisme électoral.

Pour ceux qui ne mesurent que les forces tangibles, pour nos politiciens qui savaient dans quel gâchis ils avaient plongé nos administrations civiles et militaires, résister aux barbares était de l'aberration.

Aussi, à la première menace, socialistes en tête, exigent-ils du gouvernement qu'il dégarnisse nos frontières. Ce sont les socialistes, plus naïfs ou plus cyniques, qui l'avouent dans le rapport de M. Louis Dubreuilh, présenté au Congrès de Londres au nom du Parti : « Tandis que, sur la demande expresse de nos parlementaires (du parti socialiste), le gouvernement avait donné ordre à ses troupes de se retirer à huit kilomètres en arrière des frontières, les armées du kaiser nous pressaient de toutes parts. » D'autres allèrent jusqu'à conseiller de renoncer à toute résistance et d'implorer la paix.

L'idéal socialiste était plus ou moins chimérique, mais non sans valeur éducative. Le phalanstérien de 1840 et même le communard patriote de 1871 étaient des ouvriers d'élite. Le socialisme actuel n'est plus qu'une démagogie électorale abrutissante [1].

II. — Imbécillité des assemblées parlantes.

Du compte rendu officiel de la séance de la Chambre des députés du 8 juillet 1913, nous relevons ceci :

1. Ainsi, le voici aujourd'hui qui s'occupe des paysans. Serait-ce qu'il a reconnu enfin l'importance du travail agricole ? Non pas. C'est que la masse terrienne est encore un obstacle, par son bon sens, au chaos. Le principal collaborateur de Karl Marx, Frédéric Engels, l'avouait, il y a quelque vingt ans : « On ne peut gagner les paysans à la cause socialiste que si on leur promet des choses que nous savons d'avance ne pas pouvoir concéder. »

« M. Brizon — « Je suis seul ». — C'est par ce mot singulièrement éloquent, mais mélancolique, de l'empereur d'Allemagne, constatant la dislocation progressive de la triple Alliance, que je me suis arrêté hier soir.

« Je montrais l'empereur inquiet et l'empire armant, non pas pour attaquer, mais pour se défendre, contre qui? Pour se défendre contre l'immense monde slave. Je vous ai donné à cet égard des citations probantes contre cet immense monde slave qui s'agite et s'organise aux portes mêmes de l'Allemagne, et l'on peut dire aux portes de la civilisation occidentale.

« Par conséquent, lorsqu'un journal qui a l'air d'être le journal officieux du gouvernement, lorsque *l'Écho*, je ne dirai pas *de Paris*, mais de la réaction, affiche sur tous les murs de France que les 850.000 soldats allemands sont dirigés contre l'armée française, qu'ils sont pour ainsi dire sur le point d'envahir notre territoire, ce journal a beau afficher avec les couleurs de la Patrie, son affiche n'en est pas moins, en fin de compte, l'affiche de la panique et du mensonge. (*Très bien, très bien, à l'extrême-gauche*).

« L'Allemagne a deux frontières à défendre, et notamment cette frontière derrière laquelle (je le disais hier) vivent 140 à 150 millions de Russes « amis et alliés des Français ».

« Quoi qu'il en soit, en ne tenant pas compte des différences de population, vous agissez comme ferait le Danemark s'il se militarisait à outrance en vue d'égaler sur ce point, chose impossible, l'immense Allemagne. Oui l'Allemagne, depuis le plus humble de ses paysans, jusqu'à son empereur, l'Allemagne des affaires, l'Allemagne des universités, l'Allemagne tout entière veut la paix.

« Je vous crie et toute l'Allemagne vous dira qu'elle veut la paix.

« M. Vaillant. — Sûrement.

« M. Brizon. — Un universitaire allemand, Von Liszt, disait : « Dites à vos compatriotes, dites-leur sur tous les tons, que le souhait ardent de l'Allemagne est non seule-

« ment de vivre avec vous en paix, mais de « gagner s'il se peut votre confiance et votre « amitié. La culture allemande et la culture « française dominent le monde. La réunion « de l'esprit allemand et de l'esprit français « ne pourrait servir que la civilisation géné- « rale. »

« Voilà des choses qui sont peu connues en France, parce que la grande presse réactionnaire dit le contraire.

« Nos journaux disent ce contraire, et c'est pour rétablir la vérité que je suis à la tribune.

« L'empereur ? Il aime la France. Il parle d'elle sans cesse. Il est attaché à la paix. Il dit que la paix franco-allemande serait le grand fait moderne, que la civilisation et la culture universelles en seraient plus riches. (*Très bien, à l'extrême gauche*). Sachez aussi, et je vous le déclare avec toute la force dont je suis capable, qu'en Allemagne personne ne veut la guerre.

« M. Vaillant. — Les pangermanistes sont à l'image des nationalistes.

« M. Brizon. — La guerre, mais personne ici ne la croit possible. Il est possible que des incidents se produisent encore, mais rien de grave n'en sortira, on s'entendra.

« M. Jaurès. — Nous serions vainqueurs par l'idée si vous vouliez.

« M. Brizon. — Eh bien ! Ce n'est pas seulement depuis vingt-cinq ans que règne la paix allemande, c'est depuis quarante-deux ans. Le ministre de la Guerre disait récemment au Reichstag : « L'Allemagne est « pacifique jusqu'à la moelle des os. »

« Tout ce que vous pourriez m'opposer, ce sont certaines paroles cocardières de l'empereur qui paraissent être en contradiction avec ses autres paroles et ses actes, ce sont les mots fameux sur la « poudre sèche et l'épée aiguisée ».

« Ces paroles s'expliquent par l'intérêt direct de l'empereur d'Allemagne. Rappelez-vous à ce propos qu'en 1868, alors que la maison Krupp chancelait sur ses bases, le roi de Prusse lui prêta 20 millions. L'Europe veut la paix, la France veut la paix. Pourquoi alors la France prépare-t-elle la guerre? Pourquoi les trois ans, pourquoi le militarisme? Telle est la question. »

III. — Mortelle surenchère.

Aux élections législatives de 1914, alors que la guerre était imminente, tous les candidats socialistes promirent la réduction des dépenses militaires, comme ils eussent promis la lune s'ils avaient cru y gagner quelques voix.

Voici quelques extraits du manifeste que le Parti socialiste (Section française de l'Internationale ouvrière), se conformant aux décisions prises au Congrès d'Amiens, publia alors sous forme d'affiche pour conférer à ses candidats l'investiture du parti.

« L'ŒUVRE DE GUERRE ET DE MORT. — L'armée, la marine, les conquêtes coloniales absorbent la plus grosse part des revenus de la France ; à mesure que grossit le budget, s'amplifie le chiffre et la proportion des dépenses de guerre et de mort.

« En 1910 : 1.330 millions sur 4.185 ; soit 32 %.

« En 1914 : 2.000 millions sur 5.320 ; soit 38 %.

« Sans compter les millions et milliards absorbés « hors budget » par les armements nouveaux, les forts, les lignes stratégiques, les cuirassés, etc. (près de 800 millions rien qu'en 1911).

« Depuis quarante-quatre ans, les gouvernements bourgeois ont jeté dans la gueule du monstre militaire : 60 milliards, douze fois l'indemnité de guerre de 1870 !

« L'augmentation totale du budget, en quatre ans, a été de 1.135 millions, dont 139 millions seulement pour les travailleurs, soit à peine 12 % ; tandis que la guerre et la mort ont absorbé 50 % de cette augmentation.

« La course a l'abîme. — Dans leur course à l'abîme, les gouvernants ne sont pas poussés par la démagogie socialiste. Ils sont entraînés, emportés dans un tourbillon de surenchère chauvine, déchaîné par les exploiteurs du sentiment national et patriote : grands financiers, grands patrons, gros fournisseurs qui, derrière le spectre de la guerre, poussent leurs scandaleux trafics.

« Ce que veut le parti socialiste. — Le « Parti socialiste » veut la Paix dans le monde, comme il veut l'ordre et l'intelligence dans le budget.

« Le « Parti socialiste » veut la fin des monstrueux gaspillages qui, sous prétexte d'ajouter à la défense nationale, gorgent d'or nos exploiteurs et mettent en péril la paix européenne et la prospérité de la France.

« Citoyens, contre le gaspillage ! Contre le déficit ! Pour la Paix ! Vous voterez pour le Parti socialiste.

« Les socialistes allemands luttent contre la guerre et le militarisme. — La presse et les politiciens bourgeois ne cessent de répéter que les socialistes français, en luttant contre la folie des armements, en ayant foi dans l'internationalisme de leurs frères, les travailleurs allemands, jouent un rôle de dupes ou de complices. Les socialistes allemands seraient des « patriotards » forcenés, voire des militaristes et des chauvins !

« Ce sont là d'impudents mensonges, auxquels il suffit d'opposer seulement des faits incontestables, dont beaucoup appartiennent à l'histoire.

« EN 1870-71. — En 1870, lorsqu'éclata l'abominable guerre, les socialistes n'étaient en Allemagne qu'une poignée : ils firent néanmoins leur devoir d'internationalistes héroïquement !...

« NI UN SOU NI UN HOMME POUR LE MILITARISME. » — « Depuis quarante-trois ans que ces terribles événements se sont produits, l'attitude de nos frères d'Allemagne n'a pas dévié d'un pouce.

« Inébranlablement fidèles à leur fière devise, ils n'ont pas cessé de voter comme un seul homme contre le budget de la guerre et de la marine, contre tous les armements, contre les crédits coloniaux.

« Décidés, comme nous, à défendre l'indépendance nationale de leur pays, s'il était menacé d'une agression — c'est le sens littéral des paroles de Bebel au Reichstag, que la presse bourgeoise déforme toujours avec la plus insigne mauvaise foi — les socialistes allemands, comme nous, mènent une lutte infatigable contre le militarisme insatiable, contre la guerre dévastatrice, pour l'entente réciproque, la paix durable entre la France et l'Allemagne. »

« Voilà ce que répètent leurs 90 journaux quotidiens, tirant à 1.700.000 numéros, ce que proclament leurs 111 députés (sur 397), ce que pensent et que crient un million de socialistes organisés, 2 millions de coopérateurs, 3 millions de syndiqués, 4 millions d'électeurs socialistes d'Allemagne. »

Par voie d'affiche, le candidat socialiste Pierre Brizon proclamait :

« Et d'abord,

« A bas les trois ans!

« A bas cette loi de ruine (de ruine pour le budget, pour les réformes sociales, pour l'agriculture) ; à bas cette loi de suicide national qui tue nos enfants dans les casernes au profit des fabricants de canons et pour le service des riches!

« A bas le militarisme qui nous écrase !

« On peut défendre la France sans la ruiner.

« Les milices : un homme, un fusil, ça ne coûterait pas cher et nous défendrait très bien.

« D'ailleurs, la France n'est pas menacée : si les riches et les fabricants de canons font dire le contraire par leurs journaux payés, leurs journaux menteurs, c'est que l'armée les protège contre vous, vos misères et votre socialisme grandissant ! etc., etc... »

IV. — Les serviteurs de l'ennemi.

Le 15 juillet 1914 encore, au Congrès socialiste, M. Albert Thomas préconisait « la grève générale préventive » pour faire avorter la mobilisation générale. La veille même de cette mobilisation, M. Jaurès adjurait M. Viviani de dénoncer notre alliance avec la Russie, de nous déshonorer en la laissant écraser et d'accepter ainsi, pour nous et pour l'Humanité, l'effroyable suprématie teutonne. Avec la délégation des parlementaires socialistes, il obtint seulement de faciliter l'invasion en faisant donner l'ordre à nos troupes de céder huit kilomètres de terrain [1].

1. Extrait du rapport du secrétaire de la Conférence nationale du Parti socialiste « sur l'attitude du Parti en présence de la guerre », publié dans *l'Humanité* du 9 février 1915 :

« Notre camarade Jaurès, depuis son retour de Bruxelles, s'était employé avec nos autres amis socialistes au Parlement à peser de toute son autorité... auprès du gouvernement pour aiguiller ce dernier dans des voies résolument pacifistes...

« ... Nous savions que le Luxembourg était envahi par les forces allemandes.

« Nous savions que, sur la demande expresse de nos parlementaires, le gouvernement avait donné ordre à ses troupes de se retirer à huit kilomètres en arrière des frontières... »

Ce fut un grand appoint pour l'Allemagne.

Dans la Revue *Wirtchaftzeitung der Zentralmaechte* du 7 décembre, un métallurgiste, le Dr Reichert, le reconnaissait encore en décembre 1917 :

« Si nous ne possédions Briey, nous aurions été depuis longtemps vaincus, car nous n'aurions pu produire en suffisance le fer et l'acier Thomas ; nous n'aurions pu approvisionner, comme il le fallait, notre armée, notre marine, les armées de nos alliés. Il est facile de se représenter ce qui serait alors advenu des puissances centrales. Si nos ennemis nous avaient chassés de Lorraine, nous n'aurions pu produire que le quart de la fonte que nous fabriquions en temps de paix, ni nous, ni nos alliés n'aurions pu vivre dans ces conditions. Briey nous a sauvé la vie » (*Briey unser leben gesichert hat*).

De même, le conseiller des finances, Haux, qui écrivait dans la *Koelnische Zeitung* du 15 janvier 1918 :

« L'Allemagne ne doit qu'à l'ignorance de

ses ennemis, sur ces questions du fer et du charbon, d'avoir pu continuer sans aucune gêne sa fabrication industrielle. Ses grands bassins miniers sont exposés aux coups de l'ennemi. L'avance française d'août 1914 aurait pu aisément menacer le bassin de la Sarre. Les mines de Lorraine sont à la frontière même ; les Français en auraient pu anéantir aisément, dès les premiers jours, toutes les superstructures avec des pièces à longue portée et en paralyser l'activité... De même, les gisements de charbon de la Haute-Silésie sont le long de la frontière russo-polonaise, l'avance russe de 1914 les a mis en péril... Si nos ennemis avaient su, au début de la guerre, qu'ils pouvaient paralyser toute notre activité industrielle, c'en était fait de nous ! »

Enfin, dans leur manifeste, les six grandes associations industrielles de l'Allemagne ont avoué également que, sans la conquête du bassin de Briey, au début de la guerre, la lutte n'aurait pu être continuée, faute de fer nécessaire aux munitions.

Les politiciens socialistes français ont donc bien servi l'Allemagne, et le pacifisme, une fóis de plus, n'a eu d'autre résultat que de prolonger la guerre en la faisant plus atroce.

Dès l'armistice, ils se sont employés avec un zèle redoublé à saboter la victoire. C'est la France, la paix du monde et la civilisation qui en supporteront les conséquences pendant un siècle.

V. — Félonie politicienne.

Trahison ? — Certes. Mais inconsciente pour la plupart. Lâcheté morale, indigence spirituelle surtout.

La sélection par le jeu électoral s'effectue à rebours. On a eu d'abord le médiocre, puis ce fut le pire. Il n'y a qu'une faculté qui vaut, — le bagout. C'est celle de Tricoche, des escrocs et des proxénètes.

Pour ces bas politiciens, pour ces chevaliers d'industrie électorale, la France est le budget où puiser, et les électeurs dont les préfets savent former la majorité au meilleur compte.

C'est pourquoi la trahison est un produit parlementaire. *Le Temps* lui-même, dans son numéro du 21 janvier 1915, signalait qu'il y avait des espions dans les couloirs de nos Chambres [1]. Et n'est-ce point le *Vorwaerts* qui pouvait écrire en septembre 1914 : « Les hommes qui composent aujourd'hui le gouvernement français seraient prêts, dans leur majorité, à intervenir en faveur de la paix assurant leur sécurité et leur intégrité nationale. » En faisant la part des exagérations du journal socialiste allemand, il n'y a qu'à mettre « minorité » au lieu de « majorité ».

VI. — Quand la France se reprend.

Mais la France éternelle reparut. Ce sont les ancêtres qui ont surgi des tombes de

1. Et les Turmel, Loustalot, Caillaux, Humbert, ne furent arrêtés que trois ans après !

notre ingrat oubli pour animer nos soldats leur restituer ce cerveau sain, ce cœur ferme et cette âme ardente qui ont bravé la mort du temporaire et du contingent pour sauvegarder ce qui est nécessaire et ce qui doit demeurer. Nous sommes de plus en plus gouvernés par ceux que nous ne voyons plus et qui restent en nous. C'est ce qui a pu nous dispenser d'avoir une direction effective à l'heure où l'anarchie eût été funeste. Malgré les partis, nous avons su assurer une suffisante solidarité par notre union sacrée et, malgré l'anarchie parlementaire, nous avons renoué la continuité.

En chassant les chimères qui la stupéfiaient ou l'affolaient, en obéissant à cette volonté profonde de l'espèce, qui est de vivre et de se développer, la France se ranima subitement. Quand les Prussiens s'avançaient en masses formidables vers Paris sans défense, il ne fut plus question des droits de l'homme, de la souveraineté de l'incompétence et du chaos, de l'anticléricalisme ou de la lutte de classe. C'est le silence, la discipline, la censure, la dictature militaire, l'ordre qu'on accepta sans murmurer, comme les conditions essentielles du salut commun.

Dès lors, nous pouvions résister. Nous n'avions d'autre infériorité sur l'ennemi que celle du retard de préparation, et nous avions la grande supériorité de la race et de quinze siècles de civilisation.

Nos alliés anglais disaient, dans leur *Times* : « Il y eut des jours où, durant la rapide marche en avant allemande, nous craignions que les armées françaises ne fussent par trop inférieures à leurs adversaires, où nous croyions que l'Allemagne ne serait battue que sur mer et sur sa frontière orientale, et qu'après la guerre la France ne subsisterait en tant que puissance que grâce à l'aide de ses alliés. D'avoir eu cette peur, nous devons lui demander pardon. »

D'un autre côté, un neutre, le colonel Feyler, écrivait dans le *Journal de Genève* :

« Les qualités d'organisation ne sont pas

ignorées du Français : la clarté de son esprit les seconde au contraire, mais dans les affaires privées surtout. Dans les affaires publiques, desquelles l'organisation de l'armée ressortit, la médiocrité du régime politique a été incontestablement un fléau qui a pu légitimer les espérances des Allemands et même leurs illusions. »

Oui. Comme le disait Renan au lendemain de nos désastres de 1870-71, la principale faute de la France, c'est « d'avoir tenté étourdiment » l'expérience du suffrage universel « dont aucun peuple ne se tirera mieux qu'elle ».

VII. — Réaction vitale.

Voudrons-nous guérir, cette fois ? Nous connaissons le remède. Sinon la science politique, du moins l'instinct de conservation nous l'a révélé. Il nous reste donc à rester dans la ligne lumineuse, en renonçant résolument tout ce qui a failli nous perdre, en adoptant définitivement ce qui nous a sauvés.

Dès que la France s'est sentie menacée dans son corps et dans son âme, délibérément elle a rejeté le poison électif et parlementaire.

On s'imposa le silence. Suivant l'expression de Barrès, les parlementaires firent « harakiri » sans trop barguigner ; « très généreusement, les deux assemblées » se reconnurent « incapables et dangereuses ». Les journalistes eux-mêmes acceptèrent la censure. Il n'y avait pas d'autre moyen, au reste, de contenir la presse et d'empêcher la surenchère habituelle du sensationnel, et donc du faux ou du vrai dangereux, de la polémique dissolvante. D'aucuns gémirent sur les inconvénients secondaires de cet expédient indispensable ; c'était ne pas voir que tout gouvernement humain ne va pas sans quelques abus, et qu'après tout ces abus sont moins nocifs que l'anarchie.

Néanmoins, pour ne pas se faire oublier,

nos politiciens firent tout le mal qu'on leur laissa faire.

On sait comment, dans les premiers combats, les Allemands mirent en déroute nos armées pleines d'ardeur, bien commandées, mais non préparées et manquant du matériel essentiel. Ce qu'on sait moins et ce qu'il faut qu'on sache pourtant, c'est comment des villes fortifiées furent déclarées villes ouvertes, comment des forts furent abandonnés.

Simple effet du système : Des élus voulaient complaire à leurs électeurs en les préservant du bombardement, en leur assurant auprès de l'envahisseur un traitement de faveur ; des ministres n'avaient osé refuser cela à ceux qui les peuvent renverser.

C'est ainsi que les Allemands arrivèrent plus vite aux portes de Paris. Nul doute qu'elles ne leur eussent été ouvertes avec autant de désinvolture si cela n'avait dépendu que des politiciens qui, peu après, pour assurer leur réélection, prenaient la défense du mastroquet empoisonneur de la race.

Un sénateur de la Charente n'eut-il pas le cynisme d'adresser au ministre de la Guerre une lettre, en la faisant publier dans les journaux de sa circonscription électorale, pour demander que des sursis soient accordés aux bouilleurs de cru mobilisés ?

Telle est l'ignominie du régime. Même ceux qui le soutiennent et en bénéficient, valent mieux parfois que leurs actes parlementaires.

Tel représentant d'une circonscription de grande fabrication d'absinthe, qui se sent obligé de défendre à la tribune la liberté de l'empoisonnement, comme chef d'une escadrille d'avions fit bravement son devoir. Tel autre, qui pour ne pas compromettre sa réélection s'était bassement opposé à la loi de trois ans, tomba glorieusement au champ d'honneur.

La France s'étant reprise, la conscience française s'étant libérée de la politiquerie, les militaires s'impatientant, — il fallut renoncer aux droits de l'homme et à la trahison.

Pour se prémunir contre un retour offensif de la Bête, un homme d'État — auquel la postérité élèvera une statue d'or — avertit nos alliés. Une convention fut rédigée et signée. Les puissances coalisées s'engageaient à ne traiter de la paix qu'ensemble et d'accord. Nous étions liés désormais, et ainsi nous pouvions bénéficier à tout le moins de l'avantage du gouvernement de nos alliés.

VIII. — Ignominie électorale.

Chassés de ces positions centrales, les néfastes politiciens reparurent ailleurs.

S'ils ne purent faire réformer une deuxième fois les fils de leurs électeurs influents à qui on fit repasser le conseil de revision dans une autre circonscription, leur imagination y sut pourvoir.

Entre autres, M. Dalbiez, député de Perpignan, écrivait à l'un de ses électeurs : « En réponse à votre lettre, j'ai l'honneur de vous informer que, d'accord avec M. le sous-secrétaire d'État, nous vous avons fait placer aux usines du Saut du Tarn. »

Il y a bien des façons d'exercer l'industrie électorale dont l'objet principal est de ruiner la Cité pour soudoyer, corrompre les citoyens.

D'abord pour les allocations aux femmes et enfants des mobilisés. Voici ce qu'on pouvait lire dans les journaux à la fin de 1914 :

« Plus de politique ! C'est bientôt dit.

« Écoutez cette histoire : Il est un axiome, surtout appliqué dans le Midi, c'est que pas un seul centime des fonds d'assistance ne doit être distribué sans que « le Parti » le permette et en profite.

« C'est ainsi que le sous-préfet de Villefranche (Haute-Garonne) s'étant aperçu que les indemnités de chômage et les indemnités aux familles de mobilisés étaient distribuées impartialement et sans souci d'ordre politique par une commission composée de magistrats indépendants, celle-ci fut dissoute et remplacée par une commission nouvelle composée du directeur de l'école laïque, de l'entreposeur des tabacs, du vétérinaire sanitaire de l'arrondissement et du correspondant du journal radical-socialiste *la Dépêche*, tous gens sûrs qui ne laisseront plus passer un sou sans qu'il en soit tenu compte au Parti par le bénéficiaire.

« Le député du cru est un ancien boucher nommé Balinguier. Dès que le sous-préfet lui a signalé les femmes qui ont obtenu de la commission une allocation, il envoie à celles-ci une circulaire toute prête ainsi conçue :

« Madame,

« Il m'est agréable de vous faire savoir que
« la commission d'appel vous a accordé une
« allocation au titre de femme de mobilisé.
« Je m'en réjouis et vous prie de vouloir
« bien agréer, avec tous les vœux de bonne
« santé que je forme pour votre mari, l'hom-
« mage de mes sentiments respectueux et
« dévoués. »

BALINGUIER, député.

De son côté, M. Maurice Barrès dénonça des maires qui refusaient l'allocation à des familles dont les hommes étaient connus pour voter mal. Avec le système électif, tout devient prime électorale. N'en fut-il pas de même pour les marchés de la guerre ? En tout cas, un journal du sud-est, dans les premières semaines des hostilités, célébrait en termes dithyrambiques le service inestimable rendu à la population par le député de l'endroit, « dont les démarches et la haute influence ont obtenu à notre chère cité l'installation d'un hôpital militaire. Grâce à lui, le commerce local est sorti de son marasme, etc... Les électeurs ne l'oublieront pas... »

Le sous-secrétaire d'État du service de santé étant député du Gard, le journal *le Pays*, qui tient au régime, nous apprit un jour qu'il existait dans ce service « un bureau du Gard » pour s'occuper tout spécialement des électeurs de cette région, « qu'ils soient galonnés, blessés, infirmiers, civils, militaires ou militarisés ».

De candides Français s'étonnaient qu'on installât si loin et si mal des hôpitaux temporaires. Ils méconnaissaient les savoureuses beautés du suffrage universel. Un hôpital n'est pas fait pour soigner les blessés, mais pour faire aller le commerce des bien votants. Et de tout ainsi. En temps de paix, les casernes, les régiments étaient « donnés » aux villes qui votaient bien et retirés aux autres. Tout dernièrement, on entendit à la tribune de la Chambre un député socialiste et antimilitariste, M. Valière, réclamer une garnison pour sa circonscription.

Il n'y a pas que l'élu. Il y a aussi celui qui veut l'être. Il y a le parti. Le 2 mai 1914, *le Petit Beaugeois* publiait cet avis :

« M. Rabouin n'étant pas et ne pouvant jamais être, du fait de son élection par la droite, le député du Beaugeois républicain, nous informons nos amis, élus et militants, que M. Gioux, comme par le passé, garde les intérêts du parti.

« Il rendra, comme hier, service à tous

par ses relations et ses attaches gouvernementales.

« On peut s'adresser à lui en toute circonstance. »

Avec la guerre, les mêmes causes eurent les mêmes effets. Pour satisfaire un groupe de la Chambre, on prenait un député, un jeune avocat pour le sous-secrétariat de l'Aéronautique. Celui-ci n'eut rien de plus pressé que de penser à sa circonscription en la dotant d'un champ d'aviation.

Pourquoi donc le parlementaire avisé qui s'était démené pour faire octroyer à ses électeurs un hôpital à exploiter ne se serait-il pas félicité de s'être opposé à toute préparation de la défense nationale? L'Allemagne ne nous a attaqués, peut-être, que parce qu'elle a pu nous croire à sa merci. En tout cas, c'est faute de préparation que nous avons été envahis, que la guerre a été si longue, qu'il y a eu tant de blessés, et que, par conséquent, on a dû avoir tant d'hôpitaux qui font si bien les affaires des boutiquiers radicaux-socialistes. Un politicien doit s'accoutumer à d'aussi monstrueux calculs.

IX. — Le péril politicien.

Quand le gouvernement revint à Paris et que le Parlement reprit ses séances, l'Allemagne eut une grande espérance. Nul doute que nos politiciens allaient tout subvertir de l'organisation improvisée hâtivement depuis septembre. Deux milliards, puis trois, puis quatre à dépenser par mois, et le prestige d'avoir à signer le traité de paix, quelle aubaine!

Et, en effet, dès lors, « l'union sacrée » ne tint plus que pour les effets de tribune et comme masque. Dans les couloirs, les bureaux des commissions, dans les salles de rédaction, se nouèrent de sordides intrigues. Tout un parti favorisa la trahison.

Au retour du gouvernement, du 1er janvier au 1er mars 1915, en deux mois, le seul ministère de la Guerre eut à répondre à plus de

1.200 questions et réclamations de parlementaires et de commissions. Du coup, tous les services furent absorbés pour ces amusettes et il fallut les surencombrer de fonctionnaires. Et c'est peut-être ce que voulaient les élus.

Mais, une fois encore, le coup fut manqué. Les Français persistaient dans leur dédain de la politiquerie et ils ne se passionnaient plus que pour la guerre. La foire aux harangues n'eut aucun succès. La presse ne parvint pas à faire prendre au tragique ses mésaventures avec la censure.

Dans l'ordre, il y a d'autres moyens de contenir les divagations qu'une censure qui ne laisse pas d'être quelque peu incohérente ; mais, quand la patrie est en danger, pour atténuer et guérir la maladie révolutionnaire principale, il importe d'éliminer par tous les moyens le virus de la critique et de la négation. Même quand le ciseau, manié par quelque vaudevilliste omniscient, élaguait à tort et à travers, il n'était pas si ridicule puisqu'il nous rappelait que le salut public est la loi des lois.

Néanmoins, les fautes politiques s'accumulant, la guerre se prolongeant, le virus ne laissa pas de pénétrer dans les veines de la nation. Et ce furent les mutineries de 1917, les grèves de la Loire de 1918, qui faillirent livrer le pays à l'envahisseur.

Présentement, après la victoire, l'angoisse nous étreint devant les ravages de la toxine démagogique.

Et la France en mourra si elle ne renonce point au système électif et parlementaire qui l'élabore.

X. — Pour que la France vive.

Ainsi donc, avec le parlementarisme, il ne servirait de rien que l'élection fît ce miracle constant de faire surgir les plus aptes.

« Comme la moyenne de plusieurs nombres ne peut évidemment être égale au plus élevé de ces nombres, fait remarquer S. Sighèle, de même un agrégat d'hommes ne peut refléter dans ses manifestations les facultés plus élevées, propres à quelques-uns de ces hommes ; il reflétera seulement les facultés qui se retrouvent en tous ou dans le plus grand nombre des individus. Les dernières et les meilleures stratifications du caractère, dirait Sergi, celles que la civilisation et l'éducation ont réussi à former en quelques individus privilégiés, sont éclipsées par les stratifications moyennes qui sont le patrimoine de tous ; dans la somme totale, celles-ci prévalent et les autres disparaissent. »

Assisterait-on à ce miracle d'une assemblée d'hommes supérieurs, où la supériorité seule prévaudrait, que le désordre subsisterait.

« Une assemblée ne peut jamais, par elle-même, a dit Pierre Laffite, organiser une direction... Aucune opération ne peut s'accomplir sans la direction d'un organe unique... Les situations posent les problèmes sociaux, mais la solution en appartient toujours à un organe individuel, quoi qu'en disent de vagues penseurs humanitaires. »

Toutes les lois de la physique sociale se retournent contre nos chimères. Nous sommes maintenant à l'extrême du désordre, au moment où il faut choisir entre ces chimères et la civilisation.

D'après M. Paul Leroy-Beaulieu, les vices de l'État moderne sont les suivants : « 1° l'État moderne prolonge pendant plusieurs années consécutives l'engouement ou l'entraînement que subissait le pays lors des élections ; 2° il n'a pas de suite dans les idées parce que le personnel est trop instable ; 3° il ne peut être impartial parce qu'il représente un seul parti ; 4° son instabilité le force à faire tout avec une précipitation nuisible ; 5° il ne conçoit les intérêts sociaux que morcelés, presque jamais sous forme synthétique, l'intérêt collectif ou de l'avenir lui échappe, il n'a en vue que le présent. »

L'éminent économiste confondait les vices propres au système électif et parlementaire, dans tous les temps et dans tous les lieux, et ceux qui sont inhérents désormais à la pratique politique, — tant que cette pratique ne sera pas éclairée et guidée par le théorique, c'est-à-dire tant que le temporel ne consentira pas à libérer le spirituel pour qu'il accomplisse sa fonction modératrice.

XI. — Le remède est surtout moral.

Ici, nous sommes à la source même de l'anarchie présente. « Aucune société ne peut durer, a dit A. Comte, si les inférieurs ne respectent pas leurs supérieurs. Rien ne confirme mieux une telle loi que la dégradation actuelle, où, faute d'amour, chacun n'obéit qu'à la force, quoique l'orgueil révolutionnaire déplore la prétendue servilité de nos ancêtres, qui savaient aimer leurs chefs. »

Ce ne sont pas les lois écrites, ni la violence des foules qui peuvent imposer aux faibles la vénération pour les forts et à ceux-ci le dévouement pour ceux-là. Là où il n'y a plus que le jeu des forces brutales, il y a exploitation et tyrannie.

Après avoir été instauré pour contrôler les dépenses royales et empêcher de folles dissipations, le parlementarisme n'a été maintenu que pour refréner, par des moyens matériels, les excès de l'argent ou du nombre. Mais ce n'est qu'un piteux expédient.

J. de Maistre disait : « Je voudrais me mettre entre les rois et les peuples, pour dire aux peuples : « Les abus valent mieux que les révolutions » ; et aux rois : « Les abus amènent les révolutions ». Bossuet avait déjà constaté que ce qu'on veut faire faible à faire du mal et à opprimer devient impuissant à faire le bien et à protéger. Abolir l'autorité politique, c'est évidemment en finir avec ses abus, mais c'est aussi risquer tous les désastres de l'anarchie.

« Toutes les complications sociales inspirées par la défiance, dira A. Comte, n'aboutissent réellement qu'à l'irresponsabilité. Confiance entière et pleine responsabilité, tel est le double caractère du régime positif. Le digne organe d'une fonction quelconque devient toujours le meilleur juge de son successeur, dont il doit toutefois soumettre la désignation à son propre supérieur. »

On ne supplée point le cerveau et le cœur, l'âme, le spirituel par un mécanisme.

Dans ses *Notes*, Fontanes rapporte que Bonaparte lui dit un jour : « Fontanes, savez-vous ce que j'admire le plus dans le monde ?... C'est l'impuissance de la force pour organiser quelque chose. Il n'y a que deux puissances dans le monde, le sabre et l'esprit. J'entends par l'esprit les institutions civiles et religieuses... A la longue, le sabre est toujours battu par l'esprit. »

N'était la menace toujours présente de l'étranger prêt à envahir un sol qui n'est plus assez défendu, l'erreur serait grande de ceux qui rapportent tout à la question politique. « Le législateur, a dit J. de Maistre, ne peut se faire obéir, ni par la force, ni par le raisonnement. »

On finira bien par le reconnaître, « l'immense problème de l'ordre » n'est pas essentiellement politique. Notre anarchie temporelle est surtout une conséquence de notre désarroi moral.

Certes, comme l'a dit Leverdays, « on ne connaît pas un dissolvant plus fort et plus actif » que le parlementarisme et le système électif ; néanmoins, c'est peut-être ce qui convient le mieux à notre anarchie, et c'est pourquoi on s'y tient instinctivement, contre toute raison.

VII

LA PRESSE

I. — L'anarchie n'a que deux moyens : corrompre ou terroriser.

L'influence spirituelle du catholicisme n'étant plus suffisante et celle du positivisme ne l'étant pas encore, il fallait briser les volontés indisciplinées ou les corrompre. La corruption apparut ainsi comme un moindre mal. Et c'est tout le régime actuel, si l'on peut dire que l'universelle confusion soit un régime.

On sait ce que signifie l'élection. Ce n'est pas parce qu'il représente une majorité quelconque qu'un parti détient le pouvoir; c'est parce qu'il commande aux préfets et dispose de l'intimidation administrative, des sportules et des places.

« En somme, écrit M. Francis Delaisi, la représentation nationale en France est aujourd'hui à trois degrés. Chaque député influent représente : 1° ses électeurs ; 2° son comité ; 3° de puissants intérêts privés. Il s'attache les premiers par des professions de foi et des phrases sonores ; les seconds par de menues faveurs administratives ; les derniers par l'appât des grosses affaires. »

Aux États-Unis, on ne fait pas de grandes phrases, et le système électif y apparaît franchement ce qu'il est, tout ce qu'il peut être. Après l'avant-dernière élection présidentielle, on pouvait lire dans *le Temps* :

« M. Woodrow Wilson, président élu, qui est parti pour quelques semaines en excursion aux Bermudes, semble surtout fuir les solliciteurs de fonctions publiques. Les démocrates, éloignés de la présidence depuis seize ans, sont âpres à la curée des emplois qui suit toujours l'accession d'un nouveau parti à la présidence, en vertu de cet axiome de la politique américaine : Aux vainqueurs, les dépouilles.

« Tous les fonctionnaires républicains devant être remplacés par des démocrates, il y a pour 30 millions de francs d'emplois publics à distribuer ; le président est littéralement submergé de sollicitations, et son premier devoir, avant toute autre question, même d'intérêt public, est de donner satisfaction aux partisans qui l'ont aidé par leur action personnelle ou leurs dollars à parvenir à la présidence. »

La corruption est partout. « Aucune loi, a dit M. G. Picot, aucune mesure n'est plus considérée en elle-même, mais dans ses rapports avec le succès ou l'échec de la candidature. Que veulent les électeurs ? Que désirent-ils ? Quel effet produira tel article, tel amendement voté ou rejeté ? La question qui se pose n'est pas : quel est l'intérêt général de la France ? Que veut le bien de l'État ? Qu'exigent sa force, sa prospérité, son indépendance ? Nullement. Il s'agit de la volonté des électeurs de la région, des exigences locales, et comme, malheureusement, ceux qui s'occupent des élections sont les plus agités, il s'agit au fond de satisfaire les passions des politiciens qui remplissent les comités de chef-lieu de canton. »

C'est un bourgeois qui parle, et il ne déplore que la part qui est faite au nombre. Un révolutionnaire dénoncera, avec plus de force encore, la part qui est faite à l'argent. Voici, par exemple, l'extrait d'un rapport de la Société des Tréfileries du Havre, publié par *la Revue de la Bourse et de la Banque*. « La guerre n'a pas ralenti le travail pour la Société. Bien loin de là. Au surplus, la présence de M. Étienne[1] au Conseil d'administration assure toujours aux Tréfileries des commandes pour l'armée. »

La corruption va des hommes d'affaires aux élus et aux journaux, des élus et des journaux aux électeurs et au public. Elle

1. Ancien ministre de la Guerre.

commence à gagner notre haute administration. En réalité, c'est l'argent qui règne, puisque c'est lui qui détient le moyen de corruption par excellence. Les concessions qu'il fait au nombre, par indifférence ou lâcheté, ce sont celles qui ne le gênent point, encore que ce soient souvent celles qui aggravent le plus le désordre.

II. — La presse vénale.

L'argent dispose de la presse. Par la littérature de ses amuseurs, la presse abêtit ; par les excitations et les sophismes de ses pamphlétaires, démagogues de gauche ou de droite, elle énerve et affole ; par la menace, la réclame outrancière qui se paie ou le silence qui s'achète, par le chantage sous toutes ses formes, elle corrompt et trahit.

« Fabrique de fausse monnaie et cathèdre d'iniquité », disait déjà Proudhon du journal politique. Et depuis un demi-siècle, ce journal a fait du chemin.

Quelques menus faits le montreront assez.

A propos d'un procès qui venait de se plaider devant la cinquième chambre du tribunal civil, *le Courrier du Parlement* fournissait ces éclaircissements :

« M. D., directeur de *la* ..., avait fait saisie-arrêt sur une somme de 30.000 francs d'honoraires réclamés à la compagnie du Thon-Hoat par M. L., rédacteur aux .... Il prétendait que 16.000 francs lui étaient dûs pour rémunération des services rendus par lui à la Compagnie.

« Il résulte des faits de la cause que la Compagnie, constituée pour l'exploitation des allumettes en Indo-Chine, après avoir échoué dans ses prétentions, avait eu recours aux bons offices de M. L..., lequel, à son tour, s'assura la protection de M. D... Il s'engageait à partager avec lui les 30.000 francs d'honoraires qui lui étaient assurés en cas de réussite. Le 12 juin 1908, l'autorisation était accordée. Mais la Société, qui avait mené, dans les colonnes de *la*..., une campagne contre le monopole, changea ses batteries et sollicita le monopole pour elle-même.

« M. L... ne fut pas rétribué de ses peines et assigna la Société devant le tribunal de commerce. M. D... prit ses précautions, et c'est la demande en mainlevée de saisie-arrêt qui nous a valu de connaître ces détails pleins d'intérêt sur les dessous du monopole des allumettes en Indo-Chine.

« Au fait, qui donc était ministre des Colonies en juin 1908 ? »

Mais qu'importe ! Ils se ressemblent tous comme des frères. On voudrait connaître plutôt le nom du Fou sublime, du Héros incomparable, qui, ministre élu et irresponsable dans une République parlementaire, a résisté au chantage de la presse et de la finance.

S'il restait des illusions sur le parlementarisme, on demanderait d'abord pourquoi, en cette occurrence, certains articles du Code pénal qui prévoient ces manœuvres radicales-socialistes n'ont pas été appliqués à ces messieurs.

III. -- La presse esclave.

Lors d'un procès scandaleux où étaient engagés deux grands journaux, M. Labori pouvait dire : « Qu'est-ce donc qui fait un journal ? C'est l'information, c'est la publicité dans tous les sens. Et croyez-vous que si un ministre donne une information à un journal avant de la donner aux autres, ou que si un magistrat permet à un rédacteur de journal d'entrer dans une cellule sans que les autres y entrent, croyez-vous que cela ne se traduit pas en argent ? Et comment donc se fondent ces maisons considérables dont la valeur en capital est énorme, sinon précisément à cause de publications sensationnelles que l'on achète à tout prix ? Alors, ce qu'il faut pour faire aux autres journaux une concurrence plus ou moins loyale, c'est inspirer partout la terreur, c'est établir qu'on peut parler et commander en maître, sans essuyer jamais aucun refus ; et quand une fois on a bien établi cette situation, alors on dispose de tous les établissements de crédit, de tous ceux qui sont à la tête d'un pouvoir public quelconque, des ministres et au besoin des présidents du conseil. »

Et M. Judet reproduisant ces paroles dans *l'Éclair* ajoutait :

« Il n'y a pas d'ironie ni d'exagération dans ce tableau.

« *Le* ... qui savait tout de première main, parce qu'il obligeait tous les cabinets, l'un après l'autre, à lui fournir tous leurs secrets, a également fait plier les plus hautes magistratures, humilié les plus impérieux, brisé toutes les oppositions ! Il estimait évidemment que ses continuelles campagnes de supériorité suffisaient à sa fortune et la justifiaient...

« Au fond, toutes ces bizarreries sont le produit de l'anarchie innommable dans laquelle nous nous débattons. Elle est attestée par les actions et les réactions dont l'incohérence est la condamnation du régime autant et plus que celle du ... Le coupable est encore plus celui qui cherche au nom du pays et du Parlement d'étranges concours que celui qui les donne et en dresse commerce régulier.

« Souhaitons surtout que l'État cesse de se mettre au service de la presse, d'une presse favorite ou complice, dont le rôle exorbitant fausse l'exercice de la liberté et altère les notions les plus élémentaires de la saine administration, de l'impartiale justice et de la bonne politique. »

Il n'en coûte rien de faire des souhaits. Mais sachons enfin qu'un Etat électif et parlementaire ne peut résister à aucune puissance de corruption, puisque lui-même ne se maintient que par la corruption, sinon par la terreur.

On condamne parfois quelques charlatans escrocs comme les « docteurs » Maclaughlin, Macaura et autres. C'est bien. Mais leurs complices, tous les grands journaux qui coopèrent à ces gigantesques escroqueries par la réclame qu'ils leur font ?...

Les recéleurs, quand ils ne sont pas des électeurs radicaux-socialistes, sont punis plus sévèrement que les voleurs. On les considère comme les véritables instigateurs des méfaits.

Les journaux ne sont-ils pas les véritables instigateurs des délits et des crimes qui ne pourraient se commettre sans leurs annonces ? Dans un État bien ordonné, une telle complicité ne sera pas impunie.

IV. — La presse complice.

Quand les accapareurs s'enrichissent, la presse fait de bonnes affaires.

Même avant la guerre, on a pu lire ceci dans *l'Intransigeant* :

« Les Moulins de Corbeil que dirige M. Baumann, sujet allemand, qu'on assure être officier de réserve dans la landhwer, les Moulins de Corbeil ont senti venir l'orage. Ces questions de nationalités ne peuvent plus aujourd'hui être indifférentes au grand public, et quand on lui montre qu'un des services d'alimentation indispensables à la mobilisation est aux mains de la puissance allemande, il ne peut pas accepter sans protestation un état de choses aussi menaçant.

« Alors, voilà ce qu'a imaginé M. Baumann pour neutraliser d'avance la grande presse. Il a fait fabriquer par sa minoterie un produit quelconque, une farine semblable à toutes les farines, mais qu'il a manufacturée sous forme de petites boîtes destinées à être vendues au détail. Et, sous prétexte d'annoncer ce produit, les représentants de M. Baumann vont se présenter dans les grands journaux, offrant des budgets importants de publicité aux rédactions pour ce produit à lancer.

« On comprend bien qu'il n'y a là qu'un prétexte. Mais, dès que les Moulins de Corbeil auront ainsi mis le pied dans les divers organes de la grande presse, ils estiment qu'ils s'en seront fait des amis [1].

1. M. Baumann est devenu, au début de la guerre, le « roi

« Le voleur Zucco a dépensé des millions en publicité, de façon que ses dupes ne fussent pas averties de ses procédés malhonnêtes. Quant au fameux docteur Macaura, inculpé aujourd'hui d'escroqueries par le parquet de la Seine, il a ouvert à tel grand journal que nous pourrions désigner, un budget de publicité de 125.000 francs. Notre confrère, par une correction élémentaire, ne peut attaquer en première page un charlatan dont il vante copieusement la méthode à sa page 8. Et voilà comme on obtient le silence sur les faits souvent les plus graves de la vie sociale ! »

En dix ans, sur 25 milliards de francs de valeurs qui avaient été émises en France, il n'y eut que 7 milliards 800 millions souscrits pour l'industrie française. Le reste était allé à l'étranger, — ou plus loin encore, d'où l'on ne revient jamais.

du blé ». Quant à Zucco, il fut chargé d'une mission officielle à l'étranger. Depuis, on a dû l'arrêter de nouveau pour d'autres escroqueries.

Voici, par exemple, le tableau des émissions d'actions et d'obligations souscrites par les capitalistes français en 1911 :

	Françaises	Étrangères
	—	—
Fonds d'État, de départements et de villes .	7.111.990	988.804.300
Obligations diverses industrielles	289.475.381	1.756.067.870
Actions ou parts de fondateurs	518.124 210	1.136.845.804
Totaux.	814.711.584	3.881 717.974
Total général. . .	4.696.429.558	

Ce sont, naturellement, les grandes sociétés de crédit qui poussaient à cette ruine volontaire de la France. L'une d'entre elles, la Société générale, par exemple, pour ne la pas nommer, avait fait perdre à l'épargne française 50 millions par la Caisse générale, 40 millions par la Raffinerie Say et Sucrerie d'Egypte, 40 millions par l'Omnium russe, 42 millions par la Société métallurgique de l'Oural-Volga, 25 millions par l'Électricité de Moscou, 35 millions par le Rountchenko,

25 millions par la Société Istia, 20 millions par la Société générale électrique et industrielle, etc...

Aucun grand journal n'avertit le public français de ce brigandage organisé. Et pour cause. Rien qu'à la dite Société générale, les subventions à la presse atteignaient près de 3 millions de francs par an. Les grands journaux touchent donc leur part pour leur discrétion. Suivant l'importance de leur tirage, le fermage financier leur rapporte de 300.000 francs à 2 millions par an. Des petits journaux radicaux-socialistes, qui ont moins de lecteurs que de rédacteurs, reçoivent pour l'insertion d'un Bulletin financier que personne ne lit de 35 à 60.000 francs. Des directeurs de grandes entreprises, des chefs d'industrie, d'opinions conservatrices et de sentiments chrétiens, sont propriétaires, en partie ou en totalité, de journaux maçonniques et démagogiques.

La grande Muette? — C'est la presse.

V. — Puffisme de presse.

Dans sa brochure, *le Conflit anglo-allemand*, M. Michel Pavlovitch nous rapporte ce fait : « Il fut dévoilé au Reichstag allemand, le 25 février de cette année, par le social-démocrate Stucklen, et confirmé, dans ses grandes lignes, par le ministre de la Guerre. En 1907, une des plus grosses firmes allemandes télégraphie à son correspondant de Paris de faire paraître, dans un journal français, un article où il serait dit que le gouvernement français avait fait doubler le nombre de ses mitrailleuses dans toute l'infanterie. Comme résultat, le ministère allemand fit à l'ingénieuse maison une commande de mitrailleuses pour la somme de 50 millions. Il fut reconnu par le ministre de la Guerre que le télégramme avait bien été envoyé par la dite maison à son correspondant de Paris, mais le ministre assura que la commande n'avait été que de 8 millions de francs, et non de 50 millions, comme l'affirmait Stucklen. »

Quant au journaliste français, après avoir empoché sa petite commission, il a dû écrire un vibrant article patriotique pour réclamer la dissolution de la Confédération générale du travail et des poursuites contre les antimilitaristes.

Avec un budget de 5 milliards, 7 milliards si l'on compte juste, l'État ne pouvait subvenir aux frais de la défense nationale. Les présidents avaient des filles à caser ; les ministres, des fils à pourvoir ; les sénateurs et députés, des électeurs à satisfaire. Après la curée, il ne restait plus rien pour fabriquer des canons et des aéroplanes.

Heureusement, il y avait la presse, la grande presse patriotique. Elle allait nous donner la maîtrise de l'air, — et doubler son tirage.

Par exemple, on vit un journal souscrire 50.000 francs pour les aéroplanes. A l'Assemblée générale des actionnaires qui suivit, quelqu'un s'étant plaint de cette générosité qui réduisait les dividendes, le président de l'Assemblée sut ramener ce mauvais patriote à de meilleurs sentiments. « Il faut faire de la publicité par tous les moyens, lui répondit-il. Quand on parvient à faire parler de soi par tout le monde et, ce qui est plus difficile encore, par ses confrères, on a réalisé le problème que tout administrateur doit toujours se poser. Faire parler de soi, c'est de la publicité, pas autre chose. » Que répondre à de tels arguments? L'actionnaire opposant n'avait plus qu'à entonner *la Marseillaise* avec toute l'assemblée, électrisée par cet éloquent discours.

VI. — La presse à la solde de l'étranger.

Parce qu'ils ont beaucoup de journaux, les Français se croient bien informés. Voici la traduction d'un document publié à la fois par le *Neyir-i-Hakikat*, organe officiel du Comité Union et Progrès à Monastir et par le

Chouraï-Ummet de Constantinople qui montre comment nous sommes informés.

« Notre confrère *Neyir-i-Hakikat* raconte que le journal *le* ... publie des articles moyennant finances et modifie son langage en conséquence.

« Notre confrère publie la liste suivante qu'il a eue sous les yeux et qui concerne les conditions auxquelles *le* ... a l'habitude de louer les colonnes de ses articles de fond :

« 6.000 francs : Pour des articles publiés huit fois au sujet de l'administration intègre du sultan de Turquie, Abdul-Hamid ;

« 5.000 francs : Pour un article disant que Midhat pacha est mort à Taïf de mort naturelle ;

« 10.000 francs : Pour quatre articles insérés à différentes époques afin de démentir les publications relatives à la maladie d'Abdul-Hamid ; « accepté » (Munir) ;

« 4.000 francs : Pour trois articles annonçant l'adoption par les puissances, il y a cinq ans, de certaines décisions tendant à accorder l'autonomie à la Macédoine ; « accepté » (pour le ministre des Finances de Bulgarie) ;

« 15.000 francs : Pour les articles de fond écrits consécutivement pendant une semaine au sujet du crédit financier de la Bulgarie pour favoriser son emprunt de l'année dernière ; « accepté » (pour le ministre des Finances de Bulgarie) ;

« 10.000 francs : Pour un article important établissant que l'annexion de la Crète à la Grèce a pris le caractère d'un fait accompli et que l'incorporation de la Crète au royaume de Grèce, à laquelle les Crétois sont attachés par le sang, ne saurait constituer une question diplomatique contestable, cette annexion équivalant à la restitution d'un orphelin à ses parents ; « accepté » (le délégué du Comité national crétois) ;

« 5.000 francs : Pour un article intitulé : « A chacun son dû », contraire aux vœux et sentiments de tous les Français à l'égard de l'indépendance de la Bulgarie; « accepté » (Paprikoff);

« (?)00.000 : Pour l'article à propos du mouvement réactionnaire du 31 mars : « Une constitution sans force est vite disparue ». Cet article traitait de la dégénérescence des Ottomans et appréciait comme diplomates les dignitaires du Palais d'Abdul-Hamid; « accepté » (Arab Izzet Houlo). »

Or, ce journal, qui est l'un des plus puissants, — comme on le voit par ces chiffres, — est aussi certainement l'un des moins sales. Que dire des autres ?

On s'étonnera moins d'apprendre qu'un rédacteur en chef d'un autre grand journal aristocratique déclarait, au moment des pourparlers diplomatiques franco-allemands, qu'il fallait donner aux Allemands tout le Congo et le Maroc avec, quand on saura que la Dresdner Bank détenait alors une grande partie des actions de ce journal, et donc que le journaliste français était à ses gages.

Bismarck a avoué qu'avant 1870 il avait

subventionné nos journaux pour nous amener à la guerre, et dès 1872 pour contrecarrer notre reconstitution politique. Qu'est-ce donc aujourd'hui ?

Et c'est bien inquiétant.

Afin que l'État pût consacrer les milliards de son budget à la corruption électorale, on avait souscrit pour acheter quelques aéroplanes. Il eût été d'un patriotisme moins bruyant, mais plus intelligent et plus efficace, de consacrer quelques millions à la publication d'un journal français d'informations honnêtes et d'union nationale, au-dessus de tous les partis et de toutes les cupidités, pouvant provisoirement tenir lieu de pouvoir spirituel, c'est-à-dire renseigner, conseiller et guider l'opinion publique...

VII. — Jusqu'à la trahison.

On sait que l'Allemagne avait créé une vaste organisation mondiale. Nos agences d'informations, nos grands journaux y étaient liés.

Voici, d'ailleurs, l'extrait d'un rapport de

sir Edward Goschen, ambassadeur d'Angleterre à Berlin, et publié dans le *Livre Blanc* par le gouvernement anglais : « Il y a quelque temps, une réunion sur laquelle le secret a été bien gardé fut convoquée à Berlin, au ministère des Affaires étrangères, à l'initiative du Dr Hamman, notoirement connu comme étant le chef du bureau de la presse du Foreign Office allemand, réunion à laquelle le secrétaire des Affaires étrangères en personne était présent. A cette réunion assistaient des membres des entreprises industrielles les plus importantes du pays : le Lloyd de l'Allemagne du Nord, la Hambourg-Amerika, la Deutsche Bank, la Diskonto Gesellschaft, la Allgemeine Elektrizitats gesellschaft, Siemens et Halske, les usines Schuckert, Krupp, Cruson, etc... Ils formèrent une compagnie dans le but de « favoriser le prestige industriel allemand à « l'étranger », objectif conventionnellement vague. La compagnie serait financée par des souscriptions privées avec la garantie du gouvernement.

« La compagnie devait conclure un accord avec l'agence Havas, accord en vertu duquel cette agence ne publierait plus à l'avenir, en fait de nouvelles d'Allemagne, que celles fournies par le Bureau télégraphique Wolff. Ce dernier recevra ses nouvelles exclusivement de la nouvelle compagnie. Celle-ci a l'intention de conclure un arrangement similaire avec le Bureau télégraphique Reuter pour les pays étrangers sur lesquels Reuter exerce le contrôle des communications télégraphiques. Si Reuter refuse, la *Deutsche Kabelgeseilschaft*, une agence de presse allemande moins importante, qui fournit les télégrammes de certains pays (par exemple le Mexique) travaillant de commun accord avec le Bureau Wolff, sera financée par la nouvelle compagnie, de façon à assurer un service en concurrence avec Reuter.

« Toutes les entreprises représentées à la réunion se sont en outre engagées à verser au fonds commun les sommes considérables qu'elles ont accoutumé de dépenser à l'étranger pour leurs annonces dans les journaux étrangers. L'importance de ce poste atteint annuellement, croit-on, rien moins que 25.000 livres sterling (625.000 francs), et la somme totale disponible pour les opérations de la nouvelle compagnie sera de 50.000 à 75.000 livres (1.250.000 à 1.875.000 francs).

« La compagnie n'insérera plus, à l'avenir, les annonces de ses membres que dans ceux des journaux étrangers qui publieront des informations allemandes provenant exclusivement de la nouvelle compagnie, qui doit être considérée comme la seule source d'informations authentiques concernant l'Allemagne et les choses allemandes. Ils recevront ces informations libres de tous frais pour une somme convenue, de sorte que les journaux étrangers qui voudront participer à l'affaire tireront des bénéfices matériels importants de leur collaboration avec la compagnie, soit des annonces lucratives et des informations gratuites rédigées dans la langue du pays où les journaux paraissent.

« La presse étrangère sera surveillée par les agents appointés par la compagnie dans les différents centres. Toute nouvelle « incorrecte » sera télégraphiée au siège central et « corrigée » par des télégrammes publiés par la compagnie. »

Rien ne paraissait sur l'Allemagne qui ne fût contrôlé par la fameuse agence Wolff. C'est ainsi qu'une agence qui s'est fondée pendant la guerre, à Paris, pouvait dire : « On connaît l'organisation dont nous étions victimes avant la guerre, organisation telle que nous n'étions informés des choses de l'étranger que par le canal d'un grand consortium d'agences, dont le contrôle appartenait à Wolf. En 1914 et 1915, nous n'avons été informés des choses extérieures que par des sources presque exclusivement hostiles ou suspectes, et, par réciprocité, les pays neutres n'ont connu les choses de France que par des intermédiaires peu sympathiques. »

Le journal est livré à l'argent. Comment un Etat étranger n'utiliserait-il pas cette anarchie?

VIII. — La presse d'affaires, danger national.

Le chiffre d'affaires annuel d'un journal quotidien va de 10 à 40 millions, sans compter les combinaisons occultes. Il faut de la publicité.

« Les bénéfices nets d'un journal, a-t-on dit, sont toujours inférieurs aux recettes de sa publicité. » Or, c'est la publicité, les informations, bien plus que les articles de première page, qui influencent les lecteurs et déterminent les événements. C'est sous la forme d'une simple agence de publicité, Haasenstein et Vogler, de Berlin, qui devenait, à Paris, la Société européenne de publicité, que l'Allemagne s'introduisait dans nos journaux.

« Avant de prendre une détermination quelconque, dit M. R. de Jouvenel, le directeur responsable d'un journal — fût-il un apôtre, fût-il un saint — est contraint d'envisager ces deux termes :

« 1° Ne pas froisser ceux qui détiennent les informations, c'est-à-dire toutes les puissances politiques et administratives ;

« 2° Ne pas heurter ceux qui détiennent la publicité, c'est-à-dire toutes les puissances commerciales et financières.

« C'est à ce prix qu'un journal est indépendant. »

Il lui en coûte encore plus de servir les intérêts généraux de la patrie.

Il n'y a pas eu que les affaires Bolo, Duval, Almoreyda, Routier, Caillaux, Humbert, etc. ; des étrangers ont commandité ouvertement nos gazettes pendant la guerre. Voici ce que publiait un journal : « M. Horatio Bottomley est un citoyen anglais, fournisseur de l'armée anglaise, directeur de journal, qui, pour purifier des bénéfices de guerre lui ayant attiré le mépris d'hommes comme Asquith et sir Edwar Grey, commandita pour la somme d'un million — capital déjà dévoré et qui, pour cause, va être élevé à 1.250.000 — un journal français. »

Tous nos profiteurs de guerre se sont mis d'ailleurs à subventionner ou fonder des journaux. Paratonnerre, assurance, vanité ? — Il y eut de tout. Le bolchevisme même n'est pas oublié. La démagogie va toujours avec les « affaires ».

Et ce n'est pas d'aujourd'hui. A la fin de 1792, Cambon disait : « La Révolution a atteint tout le monde, excepté les financiers et les partisans. Cette race dévorante est pire encore que sous l'ancien régime. Nous avons des commissaires ordonnateurs, des commissaires des guerres dont les brigandages sont épouvantables. »

Un historien, robespierriste passionné, M. Albert Mathiez, a pu écrire : « La Révolution offrait aux spéculateurs un champ d'opérations admirable, des occasions inespérées. La vente des 5 milliards des biens du clergé, la création des assignats accompagnée de l'émission de billets de confiance de toute valeur et de toute couleur, les fournitures des gardes nationales, puis, après la déclaration de guerre, les fournitures et les approvisionnements des armées, la vente enfin des 3 milliards de biens d'émigrés, tout cela donnait lieu à un énorme courant d'affaires. Tous les chercheurs de fortune se pressèrent pour prendre part au riche festin qui s'offrait. »

Nous repassons par là.

Nous savons que de grandes banques russes ont soutenu la terreur bolcheviste. Elles y trouvaient leur compte. Au moment de l'abdication du tsar, les fonds d'État se cotèrent en baisse ; mais les actions des grandes banques furent en hausse pendant quelque temps.

IX. — La vraie liberté de la presse.

Certes, sans le public jobard, le journal ne serait rien. Mais n'ayant aucun organe qui l'instruise et la guide, hormis l'Église qu'elle n'écoute plus, la foule suit tous les faux prophètes qui passent.

Le mal que fait la presse est dû bien moins aux abus de la puissance du nombre qu'à son exploitation.

La République nous a donné, croit-on, la liberté de la presse. Hélas ! une loi ne suffit pas pour instaurer une liberté. Aucune liberté n'est possible dans l'anarchie. Une liberté est d'abord un pouvoir indépendant, et donc une organisation au-dessus de l'argent et du nombre. En réalité, la presse est moins libre que sous les plus rigoureuses censures officielles.

Ce que les économistes ont appelé la liberté du travail, ce fut l'exploitation intensive du travail ; ce que les métaphysiciens révolutionnaires ont nommé la liberté de la presse, ce fut sa prostitution. Une prostituée est une esclave.

Il n'est de liberté que positive. La seule liberté, sans contrepoids, de la force matérielle, de l'argent ou du commandement, est la corruption et l'asservissement des forces morales.

La loi de 1881 a aggravé l'esclavage de la presse. Celle-ci y a perdu ce qu'elle pouvait avoir encore de compétence, de dignité et de moralité. Un texte de loi ne peut fonder une liberté.

Entre un chantage, une escroquerie, un proxénétisme et une trahision, s'il y a quelque journal qui prétende à élaborer ou à restaurer un esprit public, on ne le peut prendre que pour l'effrayante manifestation d'une démence qui se généralise. Étant une « affaire » d'argent, qui doit rapporter de l'argent, comment serait-il indépendant ? Et puis, où prendrait-il sa règle, où sa doctrine ?

« La presse, disait A. de Vigny en 1834, est une bouche forcée d'être toujours ouverte et de parler toujours. De là vient qu'elle dit mille fois plus qu'elle n'a à dire, et qu'elle divague souvent et extravague. Il en serait ainsi d'un orateur, fût-ce Démosthène, forcé de parler sans interruption toute l'année. »

Sans doute, la liberté positive, la véritable liberté de la presse et toute liberté spirituelle est nécessaire. Car elle est essentiellement la condition et la base d'un ordre social moderne. Mais la liberté spirituelle suppose d'abord l'indépendance de l'esprit, et donc la séparation définitive, sous toutes les formes, du spirituel et du temporel, notamment de la pensée et de l'argent.

VIII

L'OPINION PUBLIQUE

I. — Filles de lettres.

Nos intellectuels, nos littérateurs et nos artistes sont foncièrement hostiles à l'indépendance intellectuelle. Ils sont d'abord de bons commerçants.

En voici un, par exemple, qui « fait » dans le moralisme, l'humanitairerie larmoyante, l'éducation de la démocratie. A une petite revue qui lui avait adressé le court questionnaire d'une enquête, en sollicitant une brève réponse, il écrivait ceci : « Si je vous donnais une réponse satisfaisante, vous auriez un des chapitres susceptibles de figurer, plus tard, dans mes possibles Confessions ou Mémoires. Vous auriez peut-être aussi le sujet d'un article passable pour un journal. Or, ne l'oubliez pas, je suis avant tout un confrère... C'est-à-dire que je gagne ma vie avec ma plume, moi aussi ! Dans ces conditions, vous comprendrez que je garde pour moi ce qui pourrait vous servir, ce qui ne m'empêchera point, du reste, de m'intéresser à votre enquête et ce qui ne motivera pas, je l'espère, de rancune de votre part. Charité bien ordonnée... »

C'est le ton de la fille qui « crâne » en se vantant de faire payer toujours, et cher, ses caresses. L'amour vénal est d'ailleurs de même qualité que la pensée vénale.

Grâce à la confusion jacobine des deux pouvoirs, les filles de lettres tiennent boutique de vérité et de beauté qui se vendent le mieux. Ils aiment donc une chaîne qui est dorée. Ils ne veulent à aucun prix d'une liberté qui exige d'abord la suppression des ridicules distinctions universitaires, gouvernementales ou académiques — diplômes, rubans ou couronnes — et surtout de l'absurde et néfaste propriété littéraire et artistique.

Ces histrions, ces servants du pire, ces chiens de garde de l'iniquité ont perdu tout prestige et toute autorité. Ils sont presque aussi déconsidérés que les politiciens, et justement. Ils n'enseignent et ne dirigent point l'opinion publique : ils exploitent son ignorance et son désarroi.

II. — Dictature spirituelle.

Il n'y a pas de société sans gouvernement, — surtout spirituel. Tant au point de vue national qu'européen et même mondial, nous commençons à nous en apercevoir, j'imagine.

L'Église reste le principal organe de ce pouvoir. Laissons-lui les esprits qu'elle peut guider et discipliner encore. Tout ce qui l'attaque ou cherche à l'affaiblir va contre la civilisation.

Pour ceux que le théologisme ne saurait satisfaire, il n'y a qu'une doctrine complète qui les puisse rallier. C'est le positivisme, qui continue le catholicisme, et d'abord par son universalité.

Malheureusement, le positivisme n'est pas encore en mesure de constituer son sacerdoce. La « communion systématique des principes universels » est loin d'être faite. Mais, comme l'a remarqué A. Comte, « les principales améliorations sociales peuvent être réalisées longtemps avant que la réorganisation spirituelle soit terminée ».

Il y aurait donc à instituer, en attendant, une sorte de dictature spirituelle, au moyen d'un grand journal qui s'appliquerait à conseiller, consacrer et régler toutes les forces matérielles du nombre, du commandement et de la richesse, en éclairant et en organisant l'opinion publique.

Il faudrait que ce journal fût le plus puissant de nos journaux par l'organisation supérieure de ses informations, la compétence intellectuelle et morale de sa rédaction et sa diffusion.

Ne se préoccupant que de l'intérêt général, il ne pourrait être une « affaire » pour son directeur, ses collaborateurs et ses commanditaires. Le travail matériel seul serait rémunéré. Il y faudrait, je le sais, des millions ; mais ce ne serait pas payer trop cher cette réalisation de la liberté de la presse avec ses heureuses conséquences pour l'ordre général.

III. — La leçon de la victoire.

Nous l'avons compris à l'heure du péril suprême. L'oublierons-nous encore ? Reconnaîtrons-nous enfin que rien d'avouable ne défend un système qui est spontanément, unanimement considéré comme un poison du corps social, dès que la nation doit se reprendre, s'unir pour agir, pour combattre, pour se sauver, et qu'ainsi « le suffrage universel » est, comme l'écrivait G. Flaubert à George Sand, « la honte de l'esprit humain », ou encore Barbey d'Aurevilly : « L'immense bêtise du suffrage universel, qui sera la honte du XIXe siècle (à faire crever de rire nos neveux, s'ils ne sont pas des crétins absolus). »

Au lendemain de nos désastres de 1870-1871, dans sa *Réforme intellectuelle et morale*, Renan adjurait les Français de renoncer à cette « honte ». Il ne fut pas entendu. L'épreuve négative n'avait pas suffi. Bientôt, la France, grisée par la prospérité matérielle, oublia l'Année terrible et revint à ses chimères. Ce furent quarante années de régression politique et sociale.

Sans doute, les soldats de Sedan avaient constaté que l'indiscipline mène à la défaite : mais ils pouvaient aussi accuser la trahison, l'ineptie des généraux, « Badinguet »...

Cette fois, l'épreuve positive est péremptoire. Beaucoup plus de Français ont été mêlés à l'action. Et ceux-ci savent bien que toute erreur fut chèrement payée par un revers, que la discipline des troupes comme l'énergie et la science des chefs assurèrent la victoire finale. Ils sont donc plus ouverts aux vérités sociales.

Les vainqueurs de 1914-1918 seront plus intelligents que les vaincus de 1870. Ils ont retenu déjà que la plus effective participation à l'œuvre commune est, pour chacun, de bien faire son métier. « Les siècles de chefs-d'œuvre sont les siècles de victoire, a dit Proudhon. Il n'y a point de poésie, point d'art pour le vaincu, pas plus que pour le boutiquier ou l'esclave. » Et quel plus beau poème qu'une civilisation harmonieuse !

Ce sont des voix moins mélodieuses que celle de Renan qui vont se prononcer ; mais ce sont celles de témoins glorieux. Et elles seront d'autant mieux écoutées qu'elles ne proposeront pas que le peuple soit plus asservi à une pédantocratie ou plus exploité par la démagogie. Elles ne seront d'aucune coterie, d'aucun comité, d'aucun parti, d'aucune secte. Elles maintiendront l'union sacrée, et contre tous les fauteurs de discorde. Elles n'ambitionneront d'autre pouvoir que celui de faire entendre raison, — non pour nier mais pour affirmer, non pour critiquer mais pour concourir, non pour exiger une part confuse au gouvernement, mais pour le consolider, l'améliorer en le sanctionnant moralement.

Ce sera d'autant plus facile que les pouvoirs seront plus concentrés, plus personnels, plus indépendants. Dans la phraséologie révolutionnaire, le « pouvoir personnel » n'est jamais assez réprouvé. C'est pourtant le seul qui soit responsable, qui se puisse sanctionner et régler. La pire tyrannie est celle des syndicats d'affaires, des partis, qui reste anonyme, insaisissable. Elle est sans limite. Le « pouvoir personnel », au contraire, n'est jamais absolu. Il ne convient de se préoccuper du meilleur exercice possible des pouvoirs qu'après s'être assuré d'un exercice quelconque.

Les Français ne sauraient ignorer maintenant qu'une direction et une administration sont indispensables dans toute entreprise collective. Il faut qu'ils apprennent aussi qu'une société ne vit que par un constant effort politique et qu'elle ne garantit son autonomie et la sécurité de ses membres que par le concours organisé de tous, la synergie.

Organisation, c'est division du travail, hiérarchie. Ce n'est pas dans la répartition et l'attribution de la richesse et du gouvernement qu'il convient de rechercher le bien-être et la liberté, c'est dans la puissance de leur action. Ce sont des moyens et non des fins. On réalisera d'autant plus de bien-être et de liberté que les moyens seront plus puissants, et donc que la richesse sera plus respectée, c'est-à-dire plus concentrée, et le gouvernement mieux obéi, c'est-à-dire plus responsable. Aucun progrès — même matériel seulement — n'est possible s'il n'y a l'ordre à la base.

IV. — Commander ou obéir pour servir.

Donc, plus d'assemblée délibérante, plus d'élection, plus de politiquerie.

Le Conseil d'État et la Cour des Comptes,

même avec leur défectueux recrutement actuel, peuvent suffire pour le contrôle technique, financier et juridique. Pour l'administration, qui devra et qui pourra être très simplifiée d'ailleurs, des administrateurs désignés et toujours révocables par leurs supérieurs responsables. Au-dessus enfin, le moteur, le propulseur, un gouvernement indépendant, continu, effectif, sensible à une opinion publique organisée. C'est-à-dire un dictateur, législatif et exécutif à la fois, inamovible, et qui choisit lui-même son successeur. Le titre importe peu, la personnalité encore moins, c'est la chose qui est la condition primordiale de notre restauration. Et elle n'effraye plus.

Pour se faire nommer, pour être au poste du sacrifice, aucun officier n'avait eu la vilenie de promettre à chacun de ses hommes qu'il les favoriserait au détriment des autres. Ceux-ci obéirent sans phrase. Devant l'ennemi, devant la mort, il n'y avait plus de partis, plus de classes. Tous allaient au feu du même cœur, chacun à sa place. Le titre à commander ne s'obtenait pas en favorisant des mesquins intérêts, en flattant les plus vils instincts, en trahissant ; mais en servant mieux, en s'immolant plus complètement, en prouvant par la volonté, l'abnégation, le courage, le savoir et l'intelligence qu'on était un chef. Est-ce que nos soldats se sont sentis atteints dans leur dignité, diminués, pour avoir à obéir à de tels chefs, qui ne relevaient pas de leurs votes capricieux? — Non, au contraire. Ils étaient justement fiers d'être si bien conduits. Ils l'eussent plus marqué encore si d'abominables excitations de l'arrière n'étaient venues troubler parfois ce bon sens.

La confiance, la soumission et la vénération, d'une part, ne pouvaient qu'aviver, de l'autre, une haute conscience du devoir, le sens des responsabilités, le dévouement et une paternelle affection.

Ce fut pour tous. Chacun savait son devoir, et le bien remplir était le seul droit qu'on songeât à revendiquer. Il n'y avait que la Patrie.

Cette discipline noblement acceptée par tous, à tous les degrés de la hiérarchie, se fortifiait ainsi par une sympathie réciproque. On ne commandait que pour servir, on n'obéissait que pour servir. Pas de morgue imbécile, pas d'envie haineuse. L'officier admirait le soldat, et celui-ci se disait qu' « on va d'un pas plus ferme à suivre qu'à conduire ». Tous étaient liés, et plus le capitaine que le soldat, plus le général que le capitaine, plus le généralissime, — et donc tous étaient vraiment libres.

De fortes personnalités ont dû se former ainsi. Ceux qui se battirent ont appris à se subordonner au supérieur.

Cela ne s'oublie plus.

Contre l'individualisme révolutionnaire, de substantielles vérités sociales se sont dressées.

Combien la souffrance est féconde ! Désormais, il ne sera plus impossible de persuader aux Français que l'unité nationale est la condition essentielle de la santé, de la sécurité et de la prospérité d'une société ; que la défiance, l'envie, la révolte, qui sont toute l'âme du parlementarisme et du système électif, ne produisent que l'irresponsabilité généralisée et ses conséquences, l'inertie et la gabegie, quand elles n'aboutissent point, par la corruption, à l'extrême dissolution.

V. — Fonction sociale du nombre.

La fonction sociale du nombre n'est pas d'agir, de commander, de diriger ; mais de sanctionner, de régler, d'inspirer. Elle est toute spirituelle. Quand on prétend conférer au nombre l'office d'administrer, de gouverner et même d'enseigner, ce n'est que pour susciter, avec la pire tyrannie, une funeste confusion.

Edmond Burke l'avait bien vu quand il écrivait : « Le chancelier de France, à l'ouverture des États généraux, s'écria sur un ton de rhétorique oratoire, que toutes les occupations étaient honorables ; s'il voulait simplement dire qu'aucun honnête métier n'est déshonorant, il n'a rien affirmé qui ne fût vrai. Mais, quand nous disons qu'une chose est honorable, nous donnons implicitement à entendre qu'elle est digne de quelque distinction. Cependant le métier de coiffeur et celui de marchand de chandelles — pour ne rien dire de beaucoup d'autres occupations plus serviles — ne peuvent être pour personne un titre d'honneur. Sans doute, ceux qui exercent ces professions ne doivent pas souffrir que l'État les opprime ; mais c'est eux qui oppriment l'État, quand on leur permet, soit individuellement, soit collectivement, de le gouverner. En les appelant au pouvoir, vous vous imaginez combattre un préjugé ; mais c'est contre la nature que vous vous mettez en guerre. »

Avec le suffrage universel, le système représentatif, chaque citoyen est une parcelle du souverain, et une parcelle stérile mais égale. Voilà l'absurdité égalitaire. Voilà la peste dont meurt la société française.

C'est, essentiellement, une régression, puisque tout progrès matériel consiste, au demeurant, dans une croissante division du travail. Le régime des castes fixait au moins l'organisation acquise. La démocratie révolutionnaire, rétrograde, nous ramène au chaos social primitif.

Le moins qu'on en puisse dire, c'est qu'elle abaisse, car on ne nivelle que par en bas, le plus bas. Le socialisme est « le parti du ventre », comme disait l'un de ses chefs, Jules Guesde, et il ne peut être que cela. Car les hommes ne sont égaux que par là, par les fonctions physiologiques.

Quand il n'y a qu'à profiter des pouvoirs usurpés d'administration et de direction, pour porter des chamarrures, pirouetter, palabrer, prévariquer, digérer et jouir, une brute aura autant d'estomac que quiconque, — sinon plus. Et les choses vont ainsi, tant bien que mal, par l'impulsion donnée. Mais viennent les heures tragiques, où l'existence même de la nation est en péril, où il faut recourir à toutes les forces sociales, et l'on éprouve alors l'immense malheur d'être dans la confusion égalitaire, dans le désordre.

En exaspérant l'individualisme par son propre jeu, le suffrage universel provoque à l'insurrection de tous les intérêts particuliers du moment contre l'intérêt général continu. Il est contre-éducateur. Il est antisocial, puisque « la sociabilité consiste davantage dans la continuité successive que dans la solidarité actuelle ».

L'homme est l'homme. Son égoïsme est la condition de son existence et donc de son développement. Il ne faut jamais le mettre dans la situation de sacrifier constamment sa personnalité à la socialité.

VI. — L'organe de la démocratie vivante.

On se méfiera même des meilleurs sentiments. « Rien n'est plus facile à feindre que les sentiments, dit Comte, quand les principes et la conduite ne les garantissent point... Les meilleures impulsions sont habituellement insuffisantes pour diriger la conduite privée ou publique, quand elle reste toujours dépourvue des convictions destinées à prévenir ou à corriger ces déviations. »

Dans la mesure où le spirituel se montre insuffisant, il faut la contrainte matérielle, c'est-à-dire un gouvernement. Et qui puisse dire au peuple :

> J'aime mon maître assez pour m'exposer sans peine,
> Jusqu'à l'oser servir au péril de sa haine.

On comprend qu'un tel organe ne saurait dépendre de ce qu'il doit contenir. Le nombre est incapable de discerner et de désigner les gouvernants comme de maintenir aucun gouvernement. Il est donc la barbarie, et anarchique. Le suffrage universel, le gouvernement de chacun, ou de tous par tous, est exactement la négation de tout gouvernement, autrement dire l'anarchie.

C'est par l'opinion publique que le nombre peut agir.

L'opinion publique n'a pas à gouverner. Si elle est congrûment éclairée, guidée, organisée, elle n'exerce son pouvoir moral que pour l'ordre. Elle est énergiquement éducatrice, civilisatrice.

Quand les chefs sont indépendants des caprices, des convoitises de chacun, leurs actes seuls sont jugés, et ils ne le sont évidemment que du point de vue général. Dans les théâtres populaires, ce sont toujours les scélérats qui sont hués, les plus nobles héros qui sont acclamés, — même par les plus crapuleux voyous.

Ici, la qualité intervient. Ce n'est pas le plus gros chiffre qui l'emporte. Chacun obtient l'influence sociale, à tout le moins consultative, en rapport avec son dévouement et ses compétences.

Voilà la démocratie vivante. Comme elle n'est qu'une ignoble mystification au temporel, elle se réalise magnifiquement dans le moral. Et là seulement.

VII. — L'inapte pédantocratie.

Mais quels seront les guides et les formateurs de cette opinion publique ?

Ce ne seront pas les exploiteurs que la démo-ploutocratie fait surgir de toutes parts. Ce ne seront même pas, quoique en ait pensé Renan, nos pédantocrates.

La science, comme on l'entend à l'ordinaire, n'est et ne peut être une doctrine. C'est un procédé.

C'est le sabre de Joseph Prudhomme qui peut attaquer les institutions et au besoin les défendre. La science ne peut prétendre à la synthèse.

La synthèse objective est une chimère. « Les moyens de l'esprit humain sont trop faibles, a dit Comte, et l'univers trop compliqué pour qu'une telle perfection scientifique soit jamais à notre portée. »

Comme l'assure M. Boutroux, la science peut multiplier la barbarie. Aussi, chez tel savant spécialiste, ajoute-t-il, « quelle disproportion souvent entre sa science et son degré d'éducation ! Quelle vulgarité de goûts, de sentiments, de langage, quelle brutalité de procédés ! »

Le caractère manque souvent. En voici un type signalé par Taine, le célèbre chimiste Fourcroy, député, plus tard conseiller d'État et ministre de l'Instruction publique.

Aux Jacobins, le 18 brumaire an II, on l'accuse de trop peu parler à la Convention, et il répond : « Après vingt ans de travaux, je suis parvenu, en professant la médecine, à nourrir le sans-culotte mon père et les sans-culottes mes sœurs... Sur le reproche que m'a fait un membre de donner aux sciences la majeure partie de mon temps..., on ne m'a vu que trois fois au lycée des Arts, et cela dans l'intention de le sans-culottiser. » Cet éminent chimiste ne fut pas plus ferme, d'ailleurs, devant la faveur de Napoléon que devant la guillotine de la Terreur.

Avant la guerre, plusieurs scandales ont

assez montré l'insuffisance morale des savants, et nous avons pu voir s'étaler la pleutrerie des Académies scientifiques au sujet de la radiation de leurs membres correspondants allemands, qui ne fut décidée qu'à regrets, à la majorité, partiellement, en biaisant. C'est qu'il y avait là des intérêts, des vanités en jeu.

Et aussi l'immense sottise que relève un universitaire, M. Henri Hauser, dans ces lignes : « Il y a quelques années, un des plus hauts, des plus nobles esprits de notre Université déclarait devant moi qu'il se sentait plus près des intellectuels allemands, rençontrés dans les congrès, que de « l'homme de la rue » de France. »

Il y a de quoi s'inquiéter sur les autres, moins « hauts » et moins « nobles ».

L'intelligence est donc à l'avenant. Un spécialiste n'est qu'un manœuvre de laboratoire ou de bibliothèque. Sorti de son métier, le plus souvent c'est un niais. Et il l'est d'autant plus que la naïveté du peuple, qui cherche toujours des objets de vénération l'a considérablement surfait. Le cuistre se présente comme un thaumaturge. L'argent, les places, les honneurs, la renommée lui viennent de toutes parts. Et il croit que c'est arrivé. Il n'est dépassé, dans la sottise infatuée, que par le littérateur.

Aussi, le voyons-nous, à propos de tout et hors de propos, pérorer, trancher doctoralement sur les questions auxquelles il est le moins préparé à répondre, étant totalement dépourvu de cet esprit d'ensemble qui est « la principale base de toute aptitude politique ».

Il ne se pousse, d'ailleurs, que par des découvertes sensationnelles. Au lieu de poursuivre le principal objet des sciences, qui est de substituer la constance à la variété en établissant des rapports suffisants, on accumule des matériaux sans songer à les classer et à les coordonner. Mais, comme l'a fait remarquer Comte, « toute disposition habituelle à trop compliquer les explications constitue réellement une tendance vers la folie en introduisant un excès de subjectivité ». C'est ainsi que nous connaissons d'éminents économistes qui sont bolcheviki et d'illustres physiologistes qui sont spirites.

Comme nos intellectuels de toutes catégories n'ont aucune base, comme l'intérêt de l'un n'est pas celui de l'autre, et les passions, il leur arrive de se séparer, de s'opposer, même lorsqu'il ne s'agit que de leur métier. A l'Académie des sciences, il y a une droite, un centre et une gauche, comme à la Chambre. Il y a une chimie radicale et une physique réactionnaire, une mathématique théologique et une biologie mécréante.

VIII. — Insuffisance de la contrainte.

Le manifeste des 93 intellectuels allemands nous a émus plus qu'il n'eût fallu. S'ils se sont montrés meilleurs allemands que pontifes du genre humain, c'est qu'ils savent bien que rien ne les désigne pour cette haute fonction spirituelle et qu'ils sont bonnement de bons allemands, y compris les pacifistes Fœrster, « éthicien » surabondant, et le chimiste Wilhelm Ostwald, également lauréat du prix Nobel et, de plus, inventeur des pastilles incendiaires. La phraséologie humanitaire de ceux-ci n'était qu'un article d'exportation.

Allemands, ils ont défendu leur patrie à leur manière. Au nom de quoi eût-on voulu qu'ils la sacrifiassent et pourquoi ? Leur honneur professionnel n'est engagé que dans l'exercice de leur métier, leur morale ne les discipline qu'au service de la société dont ils font partie. N'oublions pas que l'état de guerre rompt tout lien social entre les belligérants.

Les civilisations ne s'expliquent que par les religions. Mais, pour le sociologue, l'efficacité sociale des religions ne s'explique que par l'opinion publique qu'elles ont su former, enseigner, diriger. Elles proclament Dieu ; mais c'est surtout en réalisant l'Humanité qu'elles s'imposent. Ne l'oublions pas, elles se dénaturent quand elles acceptent d'être un moyen de gouvernement, c'est-à-dire de contrainte. Leur tâche est de persuader, et donc de réduire la part de la contrainte matérielle.

Bonaparte n'était qu'un jacobin matérialiste, et rien n'est plus grossièrement faux, rien n'outrage plus les vrais croyants que la basse conception qu'il se faisait du catholicisme et de toute religion : « Quant à moi, je n'y vois pas le mystère de l'incarnation, mais le mystère de l'ordre social ; la religion rattache au ciel une idée d'égalité qui empêche le riche d'être massacré par le pauvre ». — Et encore : « La société ne peut exister sans l'inégalité des fortunes, et l'inégalité des fortunes sans la religion. Quand un homme meurt de faim à côté d'un autre qui regorge, il faut une autorité qui lui dise : Dieu le veut ainsi ; il faut qu'il y ait des pauvres et des riches dans le monde ; mais, ensuite et pendant l'éternité, le partage se fera autrement. »

S'il n'y avait eu que l'espérance du paradis et la crainte de l'enfer pour empêcher les riches et les puissants d'être massacrés, l'Humanité ne se fût jamais élevée au-dessus de la primitive sauvagerie. Bonaparte oubliait que deux grandes civilisations, celle de l'Inde et celle de la Chine, ont pu s'épanouir sans concevoir un autre paradis, celle-ci que la mémoire de la postérité, celle-là que le néant.

En Europe, les sanctions mystiques n'ont toujours été que les reflets et les appoints des sanctions pénales, lesquelles valaient surtout pour les natures vulgaires dont l'influence sociale positive est à peu près nulle aux époques organiques. Les sanctions personnelles n'ont jamais suffi à elles seules. Quand elles s'opposaient, c'est elles qu'on bravait, non l'opinion ou la coutume. Dans un de ses plus beaux élans d'amour, sainte Thérèse va jusqu'à accepter l'enfer pour elle-même afin de l'éviter aux pécheurs. Même au moyen âge, le duel persiste. On affrontait la damnation pour se gagner l'opinion publique.

IX. — Puissance de l'opinion publique.

Ainsi donc, s'il n'y avait que la force armée, la prison et la guillotine, rien ne tiendrait. Ce n'est point parce qu'ils sont insensibles à l'opinion publique que les malfaiteurs mettent la société dans l'obligation d'exercer une violente coercition, c'est parce qu'ils ne peuvent résister à leurs impulsions. Mais le besoin de sympathie est si impérieux que ces outlaws se créent pour eux des coutumes et des mœurs spéciales. C'est l'approbation des leurs qui leur donne l'audace de défier le sentiment public et ses conséquences. Même sur l'échafaud, ils s'en préoccupent. Imaginez, dans l'égout humain, la pire abjection, vous retrouverez cette vanité, si déviée, si grotesque soit-elle. C'est pourquoi la publicité des actes et des procès criminels, les exécutions publiques, la promiscuité des maisons de détention et des bagnes sont si dangereuses. Ce qu'on a appelé la contagion criminelle n'est pas autre chose. La mode, que les femmes, si enclines à l'insubordination pourtant, subissent et suivent avec une docilité qu'aucun martyre, aucune privation, aucune extravagance ne rebutent, est un autre exemple bien typique de la puissance du désir d'approbation.

L'importance de l'opinion publique qu'ont si bien montrée un économiste psychologue comme Adam Smith et un sociologue philosophe comme Auguste Comte est telle, et si éclatante, qu'un socialiste marxiste comme Achille Loria a dû le reconnaître aussi : « Romagnosi insiste sur l'efficacité qu'ont la bonne réputation et les sanctions de l'homme comme moyen de prévenir les désordres sociaux... Ces sanctions ne sont possibles que quand ces classes sont assez instruites et assez civilisées pour être susceptibles d'une influence morale ; au contraire, pour les travailleurs plus grossiers et abrutis, il est nécessaire de recourir à une sanction matérielle. Ainsi, dans la Vénétie, « les paysans

« remplissent leurs obligations dans la ferme « conviction qu'ils doivent céder à la force. » (Morpurgo)... « L'opinion publique, grâce à une série de procédés psychologiques et d'idées adroitement inspirées, parvient à rendre déshonorante toute action qui porte atteinte à la propriété et, par ce moyen, empêche l'homme de l'accomplir. A la classe laborieuse, l'opinion publique impose l'acquiescement à la domination du capital ; elle s'adresse à son intelligence, mais pour en fausser le jugement, pour la pousser à des actions et à des soumissions qu'elle lui rend désirables, en les entourant de l'approbation des personnes bien nées, quoique, de fait, elles soient en opposition avec son intérêt réel ; en même temps, elle prescrit à la classe capitaliste de restreindre ses usurpations dans les limites qui ne compromettent pas le sort de la propriété. »

Nous subissons tous cette formidable puissance sans nous en apercevoir. La mode tyrannique, grotesque, ruineuse en est un exemple. La dangereuse « solidarité prolétarienne », maniée par la basse démagogie, pour les grèves, en est un autre.

La collecte de l'or n'a été si fructueuse que parce qu'elle ne fut pas décrétée. L'opinion publique a été la meilleure défense contre l'embusquage.

Pour ne pas parler de tout ce que nos poilus ont accompli par sentiment social, rappelons l'enrôlement volontaire en Angleterre, la part que les femmes y prirent. Les jeunes gens qui ne s'engageaient pas n'osaient plus se présenter en public.

En étudiant *les Communautés de village dans l'Est et l'Ouest*, H. Sumner Maine a noté : « Au point de vue juridique, il n'existe dans un village indien ni droit ni devoir. Une personne victime d'un dommage ne se plaint pas d'un tort individuel, mais du trouble occasionné à l'ordre de la toute petite société. — De plus, la loi coutumière n'a pas de sanction. — Dans le cas inconcevable de désobéissance à la décision du conseil du village, la seule punition, ou la seule punition certaine, semblerait n'être que la désapprobation générale. »

X. — Ranimer l'esprit social.

Tout notre ancien droit coutumier avait ainsi pour support le spirituel. Les légistes ont matérialisé le social. Et, en le matérialisant, ils l'ont atrophié, dénaturé.

La coutume, pour s'implanter, exigeait le temps. C'est l'opinion des ancêtres et de la postérité. Les institutions ne se fondaient que sur le positif.

Le sentiment social est tellement obnubilé dans notre anarchie que l'on ne conçoit plus, à toutes les questions, que des solutions législatives ou la force brutale. C'est une sottise quand ce n'est pas une calamité.

Parce que, dans mes diverses publications, j'indique les seules solutions réelles aux principaux problèmes politiques et sociaux qui se posent présentement, il m'est souvent reproché par des publicistes, ignorant les plus élémentaires notions sociologiques, de tout critiquer et de ne rien résoudre.

Ce mépris du spirituel, cette superstition matérialiste aux magies de la législation, cet asservissement aveugle à l'automatisme, à la force matérielle sont un des aspects les plus troublants de notre décomposition sociale.

La légiféromanie n'a aucune base. Elle ne comprend que la quantité, l'inorganique. L'arbitraire des partis, les appétits des passants, les divagations de la métaphysique révolutionnaire suffisent pour lui donner libre cours. Reniant le passé, on ne conçoit plus l'avenir. Nous voyons où cela nous a conduits.

La civilisation occidentale va s'effondrer si nous ne ranimons point l'esprit social.

XI. — Les forces sociales disciplinées par les forces morales.

L'argent doit être contenu, le nombre a besoin d'être éclairé et dirigé. Ces forces sociales resteront perturbatrices tant qu'elles ne seront pas réglées. Et elles ne sont susceptibles de l'être efficacement que par les opinions et les mœurs régénérées.

Contrairement à l'argent, ce n'est jamais spontanément que le nombre est égoïste, immoral, antisocial, et même indiscipliné. « Quiconque a vu les foules dans un péril qui les menace ou les émeut, fait remarquer M. Paul Lacombe (pourvu que ce péril soit clair et pas trop urgent : inondation, incendie, etc...), a observé qu'elles cherchent d'instinct un individu qui les guide, les commande, elles aspirent à la subordination, et c'est un instinct fort raisonnable, car sans cette subordination il n'y a pas d'action concertée. »

Dans la vie privée, avec la famille désorganisée, la coquette, la comédienne et la courtisane ont pris l'influence qu'avaient la femme du foyer, la mère. De même, dans la vie publique, avec la société décérébrée, sans doctrine, la presse prostituée, les aigrefins et les charlatans ont pris la place des véritables chefs spirituels.

Toute force tend à agir. Il n'y a pas à détruire celle du nombre non plus que celle de l'argent, il n'y a qu'à les ramener à l'ordre.

Ce n'est pas par le suffrage et dans une fictive souveraineté politique que le nombre doit intervenir : c'est, dit Comte, « en assurant au moindre citoyen une influence sociale, non pas impérative, mais consultative, toujours proportionnée à son zèle et à son mérite. »

Ce n'est pas tous les quatre ans, aux jours d'élection, que le nombre doit exprimer ses nolontés et ses volontés : c'est à tout moment et en toutes choses, par l'action et la réaction de ses idées, de ses sentiments et de sa conduite habituelle, par l'approbation et la réprobation, le mépris ou l'admiration, voire le boycottage ou le triomphe.

Par là, comme l'a montré A. Comte, le prolétariat a une aptitude naturelle à devenir l'auxiliaire indispensable d'un pouvoir spirituel pour son triple office social d'appréciation, de conseil et même de préparation. La puissance du nombre sera d'autant plus grande, plus efficace, plus difficile à détourner de ses voies, qu'un ensemble de croyances fixes unifiera les âmes et ralliera les cœurs.

« Après l'établissement d'une doctrine générale, ajoute Comte, la principale condition pour constituer l'empire de l'opinion publique consiste dans l'existence d'un milieu social propre à faire habituellement prévaloir les principes fondamentaux... Il ne faut pas compter que les convictions dispensent jamais de cette énergique assistance. La raison est loin de comporter une telle autorité directe dans notre imparfaite constitution. Même le sentiment social, malgré son efficacité très supérieure, ne saurait habituellement suffire pour diriger convenablement la vie active, si l'opinion publique ne venait sans cesse fortifier les bonnes tendances individuelles. Le difficile triomphe de la sociabilité sur la personnalité n'exige pas seulement l'intervention continue de véritables principes généraux, aptes à dissiper toute incertitude quant à la conduite propre à chaque cas. Il réclame aussi la réaction permanente de tous sur chacun, soit pour comprimer les impulsions égoïstes, soit pour stimuler les affections sympathiques. Sans cette universelle coopération, le sentiment et la raison se trouveraient presque toujours insuffisants, tant notre chétive nature tend à faire prévaloir les instincts personnels. »

L'esprit public doit être le grand régulateur. La théorie positive en détermine les trois éléments appelés à élaborer l'opinion publique : 1° la doctrine ; 2° l'énergie ; 3° l'organe.

Auguste Comte fait observer que, sans le prolétaire, l'opinion publique manquerait d'énergie ; sans le philosophe, de consistance ; et sans la femme, de pureté et d'amour. « Si la constitution domestique, ajoute-t-il, se réduit à systématiser l'influence de la femme sur l'homme, on peut dire également que la constitution politique consiste surtout à régler l'action du pouvoir intellectuel sur la puissance matérielle. »

Le sentiment et l'intelligence doivent concourir pour diriger l'activité.

C'est en apportant le précieux concours de son énergie à la pensée que le nombre peut et doit participer à un pouvoir qui s'exerce surtout en sa faveur.

La démocratie ne peut être que morale ; elle ne se réalisera, elle ne vivra que par l'opinion publique organisée, la réaction de tous sur chacun par laquelle tout citoyen obtiendra la part d'influence constante et effective que lui conféreront normalement ses compétences et son dévouement.

XII. — Conclusion.

Il nous faut donc renoncer, et définitivement, nos plus chères erreurs, en liquidant les partis — tous les partis sans exception — qui les exploitent.

Leur vocabulaire n'a pas de signification

positive. Il n'y a qu'une volonté sociale : c'est l'ordre. Il n'y a qu'une aspiration : c'est le progrès. Et il n'y a de liberté, de prospérité, de concorde, de progrès que dans l'ordre. S'il a fallu, parfois, le despotisme pour le maintenir, ce ne fut que pour un temps ; car l'ordre est éducateur. L'anarchie, au contraire, est tyrannique avec frénésie, de plus en plus, et jusqu'à la subversion totale de toute socialité.

Auguste Comte, l'immortel fondateur de la sociologie, a déterminé les conditions statiques et cinématiques auxquelles les États ne se soustraient que pour se désagréger. Il n'y a qu'à s'y reporter.

— La politique ne doit plus être de l'éloquence et de la brigue, mais un art guidé par une science, la sociologie; l'administration et le gouvernement, une curée ou un « droit » pour tous d'y participer, mais une fonction et un devoir pour qui en assume la charge. Science des plus ardues, art des plus difficiles, et qui ne seront jamais accessibles qu'à ceux qui, ayant la vocation, s'y sont préparés laborieusement.

— Le suffrage universel est une mystification aussi oppressive qu'anarchique.

— Les désirs ne sont pas des opinions. Les désirs du plus grand nombre, même formulés dans les lois, ne modifient en rien le cours naturel des phénomènes sociaux.

— La représentation des intérêts particuliers — aussi parfaite qu'on la suppose — ne peut constituer l'organe essentiel de l'intérêt public : un gouvernement.

— Une direction quelconque ne saurait procéder de plusieurs chefs, encore moins d'une assemblée délibérante. La décision provient toujours d'une tête.

— L'origine et la distribution des pouvoirs sociaux importent bien moins que de régler ces pouvoirs et d'assurer leur utile exercice.

— Les questions de personnes sont négligeables. Il n'y a pas de parfait fonctionnaire. Il n'y a que des institutions qui favorisent le pire en l'empirant ou qui sont propices au meilleur en l'améliorant.

— Il ne peut subsister de société sans gouvernement. Le meilleur est celui qui remplit le mieux sa fonction. Plus celle-ci apparaît complexe, plus les conditions d'indépendance, d'unité et de pérennité s'imposent rigoureusement.

— Continuité pour prévoir, unité pour décider et pourvoir, indépendance pour retenir, propulser et contenir. Et donc pour le temporel, *monocratie;* mais contenue, stimulée, conseillée, sanctionnée, réglée enfin par une puissante *démocratie* spirituelle.

TABLE DES MATIÈRES

I

Le Suffrage universel.

II

Le Gouvernement.

III

L'Administration.

IV

Législatif et exécutif.

V

Le Parlement.

VI

La Démagogie.

VII

La Presse.

VIII

L'Opinion publique.

ACHEVÉ D'IMPRIMER

le dix-huit août mil neuf cent dix-neuf

PAR

CH. COLIN

A Mayenne

pour

BERNARD GRASSET

www.ingramcontent.com/pod-product-compliance
Ingram Content Group UK Ltd.
Pitfield, Milton Keynes, MK11 3LW, UK
UKHW012018240726
13965UKWH00002B/445